新書

小宮信夫
KOMIYA Nobuo

犯罪は予測できる

537

新潮社

はじめに

未来の犯罪を予測する――そんなことを言い出せば、たちまち「来年のことを言うと鬼が笑う」と冷やかされそうだ。しかし、何も犯罪を予知しようというわけではない。予測と予知とは別物である。

「予測」には科学的根拠が必要だが、「予知」には科学的説明は不要だ。例えば、スティーブン・スピルバーグ監督の映画『マイノリティ・リポート』(原作はフィリップ・ディックの短編小説)が描いた犯罪予知も、科学者ではなく、ミュータント(超能力者)が行っていた。

もっとも、科学に基づく予知も、ないわけではない。地震予知がその例だ。この場合、予測との違いは確率の差でしかない。予知は絶対確実に起こると断定する。これに対し予測は、高い確率で起こる(起こりそうだ)と推測する。

要するに、科学的根拠がある場合でも、前もって知ることと、前もって測ることとでは、意味するところに大きな違いがあるのだ。

本書が扱うのは予測である。犯罪の予知は、現在の科学水準では不可能に近い。しかし犯罪の予測は、科学的研究の積み重ねによって、その精度を高めることができる。

本書で紹介するノウハウは、最新の犯罪科学に基づいている。それは、犯罪機会論と呼ばれている。犯罪機会論とは、犯行の機会（チャンス）の有無によって未来の犯罪を予測する考え方である。

では、犯罪の機会とは何か。

それは、犯罪が成功しそうな雰囲気のことである。そういう雰囲気があれば、犯罪をしたくなるかもしれない。しかし、そういう雰囲気がなければ、犯罪をあきらめるだろう。つまり、この雰囲気の有無が犯罪の発生を左右するのである。

一般に、動機があれば犯罪は起こると考えられている。しかし、それは間違いだ。動機があっても、それだけでは犯罪は起こらない。

犯罪の動機を抱えた人が犯罪の機会に出会ったときに、初めて犯罪は起こる。それはまるで、体にたまった静電気（動機）が金属（機会）に近づくと、火花放電（犯罪）が起こるようなものだ。このように犯罪機会論では「機会なければ犯罪なし」と考える。

では犯罪の機会、つまり犯罪が成功しそうな雰囲気は、どのようにして生まれるのだろうか。

雰囲気を醸し出すのは、場所であり、状況であり、環境である。したがって、犯罪が成功しそうな雰囲気を作り出す場所・状況・環境には、何らかの特徴があるはずだ。その特徴こそ、犯罪の動機を抱えた人に、犯罪が成功しそうだと思わせてしまう条件なのである。


私が犯罪機会論を知ったのは、イギリスのケンブリッジ大学（大学院の犯罪学研究科）に留学した一九九三年のこと――。それは、偶然とも必然ともつかぬ出来事からだった。

当時、私は法務省の研究官をしていたが、長年の夢であった留学を今こそ実現したいという思いが強くなり、ある時、思い切って上司に「無給でいいから一年間だけ休職させてほしい」と願い出た。

だがしかし、その休職願いは、人事計画にはないという理由だけで、あっさり却下されてしまう。それでもあきらめきれなかった私は、無謀にも法務省を退官し、イギリスへと旅立った。

留学は実現したものの、現実には失業中の身である。「何か就職に役立つテーマを研究しなければ」と思いながら、大学院初日のガイダンスに臨んだ。

「就職にプラスになることを研究しているのはどの教授か」

と、その手の人物を探し出すはずだった。ところが、自分の研究分野を順番に説明する教授たちの英語が分からない。研究テーマの選択どころではない。話していることがさっぱり分からないのだ。

「入学はできたが、卒業はできないかもしれない」

そんな思いが脳裏をよぎったとき、最後の教授が壇上に登った。幸運にも、この教授だけはその英語がよく聞き取れた。もう選択の余地はなかった。私は迷わずこの教授につくことにした。

この人物こそ、イギリス犯罪機会論の権威、アンソニー・ボトムズ教授その人である。こうして、犯罪機会論を全く知らなかった私の前に、突如として巨大な、しかし魅力的な研究領域が出現し、その扉が開かれた。

あのころ、私の英語のリスニング力がもっと高かったら、今の私はなかったかもしれない。あれから二〇年——私の英語力は一向に進歩していないが、犯罪機会論との関係はますます深まるばかりだ。

この犯罪機会論の魅力を、本書では余すところなくお伝えしたい。

海外では防犯の基礎として定着している犯罪機会論だが、日本ではほとんど知られていない。そのため、奇妙な防犯知識がまかり通っている。そこで、まずは犯罪予測の邪魔になる、間違った「常識」を洗い出すことから始めたい。後半では、犯罪機会論に至るまでの犯罪科学の道のりと、その新天地についても触れる。

未来の犯罪を予測できるようになれば、自ずと警戒したり、行動パターンを変えたり、環境を改善したりして、犯罪を未然に防ぐことができるはずだ。「先んずれば人を制す」「予測なくして予防なし」である。

本書を通読すれば、犯罪が予測可能であること、そして予測の方法も難しくないことがご理解いただけるだろう。

犯罪は予測できる ● 目次

I　防犯常識のウソ

1　事件の九割は未解決

一般人も専門家も思い込みでいっぱい

「人がトラブルに巻き込まれるのは知らないからではない。知っていると思い込んでいるからである」

アメリカの作家マーク・トウェインはそう語ったと伝えられているが、防犯対策についても同じことが言える。

人々は犯罪について「知っている」と思い込んでいる。そのため事件が起これば、そこかしこで事件に対する論評が飛び交う。飛行機事故や地震については原因や対策を語らない人でも、事件については雄弁になる。

マスコミの影響力も大きい。テレビのコメンテーターはあらゆる事件に対して自己流の分析を示し、視聴者はそれを正論と勘違いする。それが思い込みの始まりである。

それだけではない。犯罪学者も、時として思い込みから発言することがある。専門家といえども、すべての問題に精通しているわけではない。にもかかわらず、知ったかぶりをする。だが一般の人は、それを専門的な見解と勘違いする。そう――防犯の世界は思い込みに満ちあふれているのである。

では、間違った思い込みから解放されるには、どうすればいいのか。その一つの方法が、理論と実践のフィードバックを行うことである。つまり、理論的なことを考えるときには実践の裏付けをとり、実践的なことを考えるときには理論の裏付けをとるわけだ。

しかし、こうしたことはなかなか行われない。犯罪学者の多くは、犯行現場に行くこともせずに事件を論評し、防犯活動に参加することもせずに対策を評価する。そのため、論理的に見える主張も、実際には的外れであることが多い。

逆に防犯ボランティアの中には、犯罪科学を学ばずに地域活動をしている者もいる。そのため、効果的に見える活動にも、実際には無駄や無理が少なからずあり、場合によっては、活動が有害な副作用を起こすことさえある。

かくいう私も、思い込みに陥ることがある。過去に示した見解の中には、今見ると恥ずかしくなるものも多い。「実践なき理論は無力であり、理論なき実践は暴力である」

（注・自作の座右の銘）に留意しているはずなのだが――。

そこで本章では、自戒の意味も込めて、防犯の常識と思われていることを疑ってみたい。さあ、思い込みから抜け出すための一歩を踏み出そうではないか。

日本の治安は悪化しているか

まずは、犯罪に関する統計を考えてみよう。

言うまでもなく、犯罪統計は治安状況を把握するためのものであり、その内容は警察庁の『警察白書』や法務省の『犯罪白書』で公表されている。しかし、治安水準の現状をめぐっては見方が分かれている。

一般の人は、日本の治安は悪化していると考えているらしい。内閣府の『治安に関する世論調査』（二〇一二年）でも、「悪くなったと思う」とする者の割合が八一％であった。

これに対し犯罪学者の多くは、日本の治安は悪化していないと考えている。警察の方針転換（＝身近な犯罪にきちんと対応するようになったので処理件数が増えた）や、マスコミによる過剰な報道が、事件が増えたような印象を与えているにすぎないという。

果たしてどちらが正しい見方なのか。

私もよくこの質問を受けるが、いつも「実際のところは分かりません」と答えている。なぜなら犯罪統計は、発生した犯罪のすべてを把握したものではないからだ。

白書で公表されている犯罪統計は、刑法犯の認知件数に関するものである。つまり、警察が知ることができて処理した犯罪を記録したものにすぎないのだ。したがって犯罪が発生しても、それを警察が見つけられなかったり、被害者や目撃者が警察に連絡しなかったりすれば、その犯罪は統計には載らないのである（統計に出ない数は「暗数」と呼ばれている）。

例えば、贈収賄、売春、賭博、麻薬取引など、「被害者なき犯罪」と呼ばれている犯罪については、被害届が提出されることは期待できない。当事者間の合意があるからだ。したがって、警察がその犯罪を自力で見つけない限り、統計上の数字には表れない（＝暗数になる）。

また被害者が被害に遭ったことに気がつかない場合や、被害者が忙しかったり、警察に不信感を抱いていたり、あるいは犯罪者からの報復を恐れたりして、被害届を提出しない場合にも、その犯罪を警察が自力で見つけたり、目撃者が通報したりしない限り、暗数が発生する。

このように、犯罪統計に基づいて犯罪の増減を議論することは、氷山の一角を見て船舶航行の安全性を判断するようなものである。

そこで、犯罪発生の実態に近づくため、無作為に選んだ一般の人を対象にインタビューを行い、国民全体の被害率を推定する犯罪被害調査が実施されるようになった。例えば、アメリカでは毎年約一四万人を対象に、イギリスでも毎年約五万人を対象に犯罪被害調査が行われている。

日本でも、四年ごとに数千人規模ではあるが犯罪被害の実態調査が行われるようになった。そこで次に、『犯罪白書』に紹介されている犯罪被害調査の結果に基づいて、犯罪の増減を考えてみたい。

被害届は氷山の一角

これまでに『犯罪白書』は、五つの犯罪被害調査を紹介してきた。

このうち、二〇一一（平成二三）年以前の五年間に回答者が被害に遭った割合を、一九八七（昭和六二）年以前の五年間と比較すると、調査した一〇種類の犯罪のすべてで被害率は上昇している。例えば、不法侵入では二・二%から三・四%へ、窃盗では〇・八%から四・一%へ、性的事件でも一・八%から二・三%へと上昇している。

この数字からは、治安は悪化したことになる。

もっとも、同じ二〇一一年以前の五年間を、一九九九(平成一一)年以前の五年間と比較してみると、調査した一一種類の犯罪のうち、被害率が上昇したのは五種類であり、六種類では被害率が低下している。例えば、不法侵入では四・一%から三・四%へ、性的事件でも二・七%から二・三%へと低下している。また全犯罪の被害率も、四一・二%から三四・四%へと低下している。

この数字からは、治安は好転したことになる。

結局、これまで実施された被害調査を比較すると、現在の治安は、一九八七年ごろよりも悪いが、一九九九年ごろに比べれば改善されている、ということになる。

ところで、『犯罪白書』では、被害に遭った者がその被害を警察に届け出た割合も示されている(二〇一一年以前の五年間の被害申告率)。例えば、自動車盗の届出率は五六・三%、不法侵入は四七・九%と高率であるのに対し、性的事件の届出率は一八・五%、窃盗は三四・八%と低率である。

ここから、被害を届け出る割合については、犯罪の種類による差が大きいことが分かる。したがって、防犯対策をきめ細かく展開するためには、犯罪の種類ごとに、届出率に基づいて実数を推計する必要がある。例えば性的事件については、犯罪統計上の数字の五倍を超える数の犯罪被害が実際には発生していることになる。

いずれにしても、治安水準をより正確に把握するためには、犯罪統計（認知件数）をうのみにするのではなく、被害統計を英米並みに毎年数万人規模でとれるように、犯罪被害調査のレベルを上げることが必要である。

見逃される殺人事件

犯罪統計をうのみにできないのは暗数が存在するからであり、このことは犯罪学者の間では「常識」である。もっとも、殺人については暗数が少ないと言われており、このことも犯罪学者の「常識」になっている。しかし、本当にそうだろうか——。

大相撲の時津風部屋の力士がけいこ中に暴行を受けショック死した事件（二〇〇七年）は、当初「病死」として処理されていた。また、秋田県藤里町で一カ月余りの間に二人の小学生が殺害された事件（二〇〇六年）でも、最初の殺人は当初「事故死」として処理されていた。さらに、兵庫県尼崎市でコンクリート詰めの遺体が見つかった事件（二〇一二年）では、それをきっかけに行方不明だった五人が次々と遺体で発見された。

このように実際には殺人事件であっても、病死、事故死、自殺、行方不明などと判断され、殺人として認知されない可能性がある。いったいその可能性はどの程度なのだろうか。

警察庁によると、二〇〇九年に病院以外で死亡し、死因がはっきりしないため警察が取り扱った死体（異状死体）は一六万体に上る。一〇年前に比べると四割も増えているそうだ。

この異状死体のうち、検視を専門とする刑事調査官（検視官）が現場に出向いたのは二割、司法解剖または行政解剖に回されたのは一割だった。刑事調査官や解剖医の数が圧倒的に足りないのだ。

この解剖率一割という数字を見て、読者はどう感じるだろうか――。ちなみに、スウェーデンの解剖率は九割、イギリスとアメリカの解剖率は五割である。米ロサンゼルス近郊の自宅で首をつって死亡しているのが見つかった伊良部秀輝投手（元ヤンキース）のケースでも司法解剖が行われた。また日本の場合、全死体数に対する解剖総数の割合は約三%にすぎないが、スウェーデンやイギリスではその割合が二〇%を超えている。もっとも、異状死体のうち解剖に回されない九割については犯罪とは無関係である、と言い切れれば問題ないが、そうは言えそうにない。

筑波メディカルセンター病院の塩谷清司医師によると、異状死体のすべてを解剖するオーストリアのウィーンでは、犯罪とは無関係であるという前提で運ばれてきた遺体の一・三%が、犯罪と関係があったそうだ。そこから塩谷医師は、日本でも年間一七〇〇件ほどの犯罪死が見逃されていると試算している。

こうした「死因不明社会」を改善しようと、医師で作家の海堂尊氏は、遺体を傷つけずにCTやMRIで死因を究明するオートプシー・イメージング（死亡時画像診断）の普及に努めている。

さて、解剖やオートプシー・イメージングの問題は、少なくとも死体の存在を前提にしているが、さらに考えなければならないのは、被害者の死体が見つからないまま、事件が闇に葬られている可能性である。

生死不明の人を法律上死亡したと見なす失踪宣告は、年間約二〇〇〇件なされている（最高裁）。捜索願が出される家出人は、年間約八万人いる（警察庁）。戸籍上は生存しているが所在不明の一〇〇歳以上の高齢者は、約二三万人いる（法務省）。居場所が分からない小中学生も、約一〇〇〇人いる（文部科学省）。

どうやら、殺人についても犯罪統計をうのみにできそうもない。

一割に満たない検挙率

犯罪統計をめぐっては、奇妙な議論もまかり通っている。例えば、「少年犯罪が増えている（減っている）」「外国人犯罪が増えている（減っている）」といった議論をよく見聞きする。しかし、どうやってそのようなことが分かったのか。

犯罪は、犯人を捕まえてみなければ、それがだれによるものなのかは分からないはずだ。つまり、犯罪を行った者が少年なのか成年なのか、日本人なのか外国人なのかは、捕まえてみて初めて分かることである。要するに、犯罪統計で示される少年犯罪や外国人犯罪は、検挙された少年や外国人の数にすぎないのである。

ところが、ここ数年の検挙率は三割にとどまっている。つまり、犯罪（一般刑法犯）の認知件数の三分の二は検挙されていないのである。これに加えて、前述したように、認知されていない犯罪も存在する。イギリスの犯罪被害調査では、犯罪総数の半分が認知されていないと報告されている。認知できない犯罪については、犯人を検挙しようという思いすら浮かばない。

そこで、実際の検挙率がどのくらいかを推計してみよう。

法務省のアンケート調査では、一六歳以上の人が二〇一一年に被害に遭った割合は一割だった。生産年齢人口を使って大ざっぱに計算すると、この年の犯罪発生件数は、犯罪認知件数の五倍に上る。とすれば、実際の検挙率は一割にも満たないことになる。

したがって実際には、全体の九割以上の犯罪が、だれによるものなのか分からないのである。これでは、犯罪統計から少年犯罪や外国人犯罪の増減を論じることには無理がある。

このほかにも、データのとり方、まとめ方、見せ方の問題など、犯罪統計の「常識」について疑うべき点を挙げればきりがない。しかし、より重要なのは、統計を眺めているだけでは被害の本当の大きさが見えてこない、ということである。

犯罪の発生は、被害者にとってはもちろん、加害者にとっても、地域社会にとっても大きな悲劇である。一つの犯罪がもたらす悲しみや苦しみの大きさは、日本の治安が悪化していようがいまいが変わらない。たった一つの犯罪だけで、被害者はもちろん、加害者の人生も破壊されてしまう。しかし、こうした悲劇は、犯罪統計を眺めて、犯罪が増えた減ったと一喜一憂しているだけでは防げない。

「そんなことは当たり前だ」と思われるかもしれない。しかし今の日本は、起こった悲劇には関心を持つものの、悲劇の「予防」にはあまりにも無関心ではないだろうか。犯罪統計も悲劇の記録にすぎない。なぜ、統計の解釈に費やすエネルギーを「予防」に向けようとしないのか。

裁判員制度は儀式にすぎない

予防軽視の風潮が典型的に見て取れるのが裁判員制度である。裁判とは、社会学的に見れば、紛争処理の儀式、秩序回復の装置である。つまり、けじめ（区切り）をつけることで、犯罪によって生まれた不均衡状態の終結を宣言し、社会を再起動させるのが裁判だ。

したがって裁判には元々、悲劇を未然に防ぐための役割は想定されていない。にもかかわらず一般の人は、裁判では犯罪の原因が追究されていると考えがちである。

その背景には、「警察は動機の本格的な追及をする方針」と連呼するマスコミの姿勢がある。だが警察では、そんなことはしていない。法律にもそんなことは書かれていない。警察には、動機解明の専門家は配置されていないのである。

裁判も同様である。検察官も裁判官も、犯罪心理の専門家ではなく法律の専門家である。つまり、警察や裁判所の仕事は、事実の確定であって原因の確定ではないのだ。

裁判員制度とは、こうした裁判のあり方をめぐる選択肢、事実確認の一手段である。もちろん、そこに司法の民主化という意義があることを否定するつもりはない。しかし、それが社会のけじめのつけ方に関するものである以上、どんなにいい制度であっても、犯罪が起こる前の状態に戻すことはできない。悲劇は残り続けるのだ。

儀式の一つの方法にすぎない裁判員制度をめぐり、日本中がどれほど盛り上がったことか――。制度導入前の広報に五〇億円、施設改修に二〇〇億円の税金が投入され、マスコミも「裁判員制度で初めて……」を連発した。今後も裁判員制度を運営するのに、毎年五〇億円の費用がかかるそうだ。

それだけの予算があるなら、犯罪を予防し裁判自体の数を減らせる、と考えてしまうのは私だけだろうか。中国最古の医学書には「名医は既病を治すのではなく未病を治す」と書かれてあるそうだ。その姿勢に学び、悲劇の後始末のことよりも、悲劇を起こさないことを考えたいものだ。

犯行現場の共通点

悲劇を予防するには、現実を直視することから始める必要がある。その現実とは、「検挙されるケースは全事件の一割にも満たない」という事実である。これほどまでに多くの犯罪者が、なぜ捕まらないのか――。

それは犯罪者が場所を選んでいるからだ。ほとんどの犯罪者は、犯罪が成功しそうな場所でしか犯罪を行わない。だからこそ捕まったりはしないのである。

捕まってニュースになるのは、犯罪が失敗しそうな場所でも犯罪をしてしまう、ごく一部の犯罪者である。この種の犯罪者は、放っておいても警察が捕まえてくれる。しかし、場所選びをする犯罪者は、警察では捕まえきれない。その結果、検挙率は一割を切ることになる。

だがしかし、悲観的になる必要はない。犯罪者が場所を選んでいるのなら、そこがどこなのかがあらかじめ分かれば、先手を打って犯罪を未然に防げるはずだ。

こうした視点から犯罪機会論は、犯罪者が選んだ場所（犯行現場）の共通点を探ってきた。共通点さえ抽出できれば、それを「ものさし」にして、犯罪者が選んでくる場所（未来の犯行現場）を予測できるからだ。

こうして導き出されたのが、「入りやすい」「見えにくい」という二つのキーワードである。学術的に言えば、犯罪が発生する確率の高い場所は、「領域性が低い」場所と「監視性が低い」場所ということになる。

この「ものさし」を使って、景色を解読することが防犯の基本である。犯罪者が景色を見ながら犯行を始めるかどうかを決めるように、私たちも景色を見ながら警戒すべきかどうかを決めればいいわけだ。

「入りやすい」「見えにくい」という防犯キーワードを意識することは、個々人の日常生活における被害防止だけでなく、持続的な防犯まちづくりにとっても重要である。危険な景色（＝入りやすく見えにくい場所）を安全な景色（＝入りにくく見えやすい場所）に変えていくことが、犯罪機会の長期的な減少につながるからだ。

そのことを典型的に示しているのが、カナダのミシサガ市にある二つのマンションだ（写真1）。隣接する二つのマンションは、同じ建築業者によるものだが所有者が異なっている。そのため、一方は犯罪機会論に基づいて建設されたが他方はそうではなかった。

二つの建物は外観が似ているので、一見するだけでは防犯への影響にも違いはなさそうだ。

しかし、建設後一三年間の警察への通報件数を見ると、犯罪機会論に基づくマンションでは一二五件だったのに対し、犯罪機会論に基づかないマンションでは二八九件であった。つまり、すぐ隣の似通った建物では実に二倍以上のトラブルが起きていたのである。

この差は何を意味するのか。やはり「入りやすさ」や「見えにくさ」が影響したのではないだろうか。

例えば、通報件数の少ないマンションの入り口は駐車場を通り越した先にあるが、通報件数の多い方の入り口は駐車場へ行く手前にある。つまり、トラブルの多いマンションの方が入りやすいのである。また両方の公園を比べても、通報件数の少ないマンションの公園はたくさんの窓から見下ろせるが、通報件数の多い方の公園は、ほとんどの窓が面していない見えにくい

写真1　似て非なる二つのマンション（カナダ）

公園である。

入りやすく見えにくい場所

ここで、「景色解読力」（景色に潜む危険性に気づく能力）を高める防犯キーワードについて、詳しく説明しよう。

一つ目は「入りやすい」。

「入りやすい場所」とは、だれもが簡単に標的（被害者・被害物）に近づけて、そこから簡単に出られる場所である。そこでは、犯罪者も怪しまれずに標的に近づくことができ、すぐに逃げることもできる。したがって、そこには犯罪が成功しそうな雰囲気が漂っている。

この「入りやすい場所」で起きた典型的事件が、大阪教育大学附属池田小学校事件（二〇〇一年）である。包丁を持った犯人は、開いていた自動車専用門から校内に侵入して児童八人を刺殺した。犯人は法廷で「門が閉まっていたら入らなかった」と述べている。

ガードレールがある歩道は、車を使う犯罪者にとっては「入りにくい場所」である。

そこでは、だますにしても力ずくでやるにしても、子どもをスーッと車に乗せられる感じはしない。ところが、奈良女児誘拐殺害事件（二〇〇四年）の犯人は、歩道の植え込みが途切れた場所で女児に声をかけている。つまり、「入りやすい場所」を選んだのだ。

幹線道路のそばも、車を使う犯罪者にとっては「入りやすい（＝逃げやすい）場所」である。名古屋女性拉致殺害事件（二〇〇七年）でも、犯行グループが帰宅途中の会社員に道を尋ねるふりをして近づき、無理やり車に連れ込んだ場所は、バス通りから少し入った道だった。

二つ目は「見えにくい」。

「見えにくい場所」とは、だれの目から見ても、そこでの様子をつかむことが難しい場所である。そこでは、犯罪者は余裕綽々《しゃくしゃく》で犯行を準備することができ、犯行そのものも目撃されない可能性が高い。したがって、そこにも犯罪が成功しそうな雰囲気が漂っている。

反対に、「見えやすい場所」では視線が想定されるので、犯罪者はためらいがちになる。

興味深いことに、人間は、実際の目だけでなく、絵や写真の目も気になるらしい。例えば、カリフォルニア大学のダニエル・フェスラー准教授らは、経済ゲームの実験において、単語が表示されたコンピュータ画面を見た被験者よりも、目玉模様が表示されたコンピュータ画面を見た被験者の方が気前がよかった（＝相手への配分額が五五％高かった）と報告している。

また、ニューカッスル大学（イギリス）のメリッサ・ベイトソン教授らは、セルフサービス方式の無人有料ドリンクコーナーに展示されているポスター写真を「人の目」に替えただけで、被験者が正直に飲み物代を代金箱に入れるようになった（＝支払金額が二・八倍に増えた）と報告している。

どうやら、視線に対する人の感受性は相当に鋭いようだ。

こうした視線がない「見えにくい場所」の典型は死角である。前述した附属池田小の事件でも、犯人の侵入ルートは、体育館が邪魔になって事務室や職員室から見えなかった。同じく奈良の事件では道路の防護壁が、名古屋の事件では学校の壁が、周囲の視線を犯行現場に届きにくくしていた。

しかし、死角になるところだけが「見えにくい場所」ではない。見晴らしがいいところでも、「見えにくい場所」になることがある。

例えば、新潟県柏崎市で女性が九年にわたって犯人宅に監禁された事件（一九九〇年）では、田んぼ道が女性（当時九歳）の連れ去り現場になった。田んぼ道の周りには家がないので、そこに視線が注がれることは期待できない。

長崎男児誘拐殺害事件（二〇〇三年）では、幼稚園児が駐車場ビルの屋上から突き落とされた。屋上も、どこからも、だれからも見てもらえそうにない。

要するに、視線が集まりにくい場所が「見えにくい場所」なのだが、その視線については、ここまで述べてきたような物理的な意味だけでなく、心理的な意味も考える必要がある。

心理的に「見えにくい場所」には二つのパターンがある。一つは、管理が行き届いておらず秩序感が薄い場所であり、もう一つは、不特定多数の人が集まる場所である。

このうち、前者のパターンが当てはまるケースとしては、誘拐現場周辺に不法投棄された粗大ごみが放置されていた今市女児殺害事件（二〇〇五年）や、刺殺現場のトンネル壁面におびただしい落書きがあった川崎トンネル女性刺殺事件（二〇〇六年）などがある。

こうした場所は、周囲の無関心や無責任を犯罪者に連想させ、犯罪が成功しそうだと思わせてしまう。

一方、後者のパターンが当てはまるケースとしては、多くの人が行き交う駅前広場が誘拐現場となった西宮女児重傷事件（二〇〇六年）や、買い物客でにぎわう家電量販店が誘拐現場となった前述の長崎の事件などがある。

こうした場所では、注意が分散するとともに、援助も他人任せになってしまう。つまり人が多いほど、事件に気づきにくく、気づいても「自分が助けなければ」と思いにくくなるのである。

被害者にならず、加害者を生まず

さて、読者はすでに気づいているかもしれないが、犯罪機会論が活躍する舞台は公共の場である。言い換えれば、犯罪機会論が大きな防犯効果を発揮するのは、面識のない者による街頭犯罪に対してである。

もっとも、面識のある者による犯罪に対して、犯罪機会論が全く無力というわけではない。

例えば、生徒によるいじめは、教師の目が届かない「見えにくい場所」で、児童虐待やドメスティック・バイオレンスは、近所付き合いがない「見えにくい家庭」で、業務上横領やセクシュアル・ハラスメントは、内部統制が甘い「見えにくい職場」で起こりやすい。

だがこの場合、加害者が内部者である以上、入りにくくする対策は取り得ない。そこに犯罪機会論の限界がある。

したがって、どうすれば被害者にならずに済むのか（＝犯行チャンスを与えない犯罪機会論）だけでなく、どうすれば加害者を生まずに済むのか（犯行原因の除去を目指すこの立場は、犯罪原因論と呼ばれる）も考えなければならない。

本書の立ち位置は基本的には犯罪機会論だが、後半では、犯罪機会論と犯罪原因論を車の両輪と見なして論を進めていく。

2 「地域安全マップ」は偽物ばかり

マップづくりはモノづくりにあらず

地域安全マップとは、犯罪が起こりやすい場所を風景写真を使って解説した地図である（写真2）。具体的に言えば、（だれもが／犯人も）「入りやすい場所」と（だれからも／犯行が）「見えにくい場所」を洗い出したものが地域安全マップだ。だれでも楽しみながら犯罪機会論を学ぶことができ、その過程で危険予測能力が自然に高まる防犯手法として、二〇〇二年に私が考案した。

地域安全マップづくりの目的は、景色がはらむ危険性に気づく能力（景色解読力）を高めることである。それによって、未来の犯罪を予測し、危険を事前に回避しようというわけだ。したがって、マップづくりとは言うものの、実際には能力の向上という「人づくり」であって、地図の作製という「物づくり」ではない。

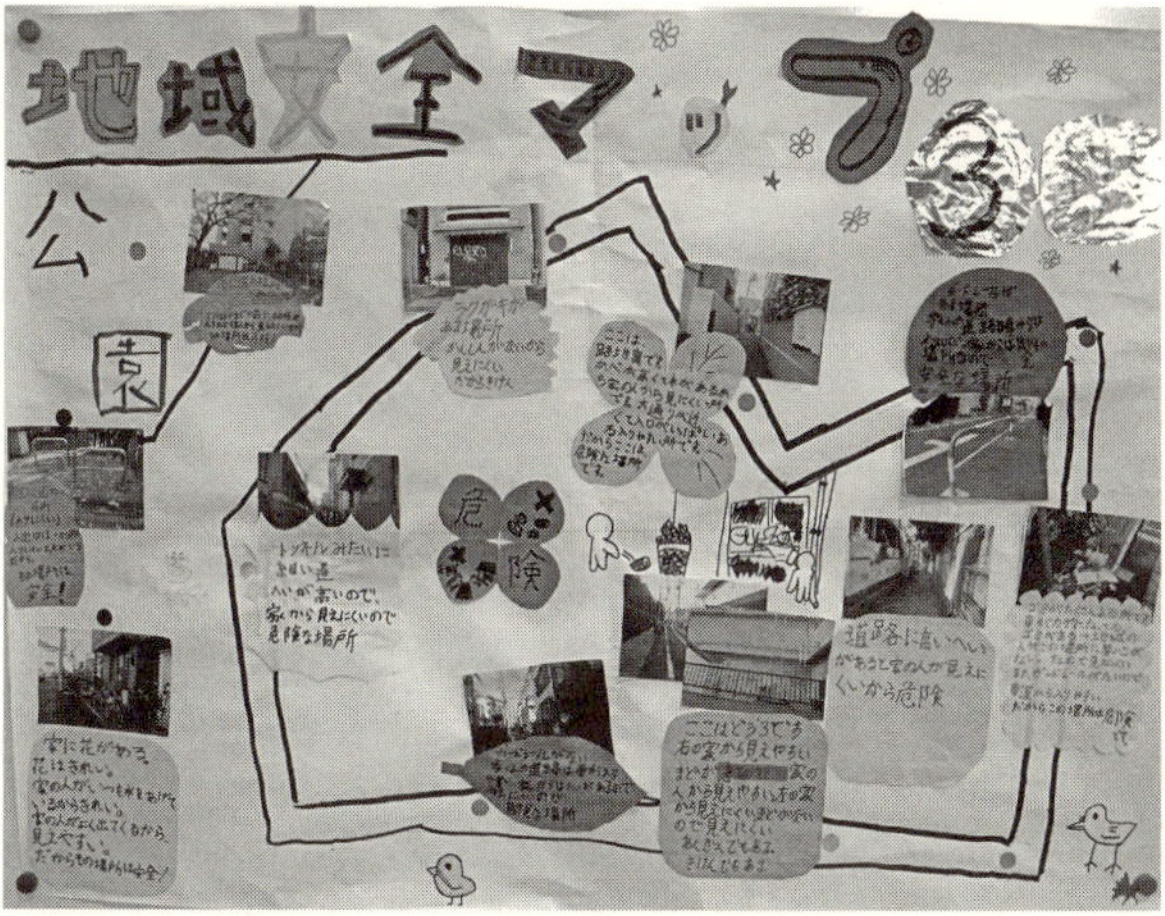

写真2　景色解読力を高める「地域安全マップ」（東京都立大塚ろう学校）

私たちは普段、地図を見ながら歩いたりはしない。地図を正確に記憶しているわけでもない。私たちは景色を見ながら歩いているはずだ。言い換えれば、日常的な生活空間は、二次元の地図ではなく三次元の景色によって構成されているのである。

それは、犯罪者にとっても同じことだ。彼らは地図を見ながら犯行場所を探しているわけではない。景色を見ながら犯行を始めるかどうかを決めているのである。

とすれば、危険予測の糸口も地図ではなく景色の中にあるはずだ。

つまり危険予測とは、景色を見ただけで、そこが犯罪者の好きな場所かどうかを瞬時に見極めることなのである。言い換えれば、

「犯罪が起こりやすい場所」とは、〇丁目〇番地でもなければ、北緯〇度〇分・東経〇度〇分でもない。それは、犯罪者の好きな景色を意味する。景色だけで判断するからこそ、初めての場所でも危険を予測できるのだ。

こうしたことから、地域安全マップづくりでは、参加者に景色を見てもらう街歩き（フィールドワーク）が最も重要になる。

もちろん、街歩きの前には参加者に必ず、景色を解読するための「ものさし」、つまり「入りやすい」「見えにくい」という二つの防犯キーワードを与えなければならない。そうしなければ、街歩きは単なる散歩になってしまう。

地図の作製はオマケである。もっとも、地図という成果物をゴールにすることで、参加者（特に子ども）のモチベーションが維持されやすくはなる。

マップには、撮影した写真（＝景色の再現）と一緒に、撮影した理由（なぜ危険なのか、なぜ安全なのか）を、防犯キーワードを使って書き込む。地図としての正確さは求めない。あくまでも大切なのは、写真とコメントのペア（＝景色解読）である。

アメリカ生まれの「学びのピラミッド」という学習理論によると、学習内容の記憶への定着率は、読んだだけでは一〇％にすぎないが、実際に自分でやってみると七五％になり、他人に教えれば九〇％にまで高まるという。

とすれば、だれかが作ったマップを印刷物やウェブサイトで見ても、あまり意味がないことになる。ほとんど忘れてしまうからだ。地域安全マップづくりの核になるのは、自分自身で景色をチェックしながら歩くという「体験」なのである。

地域安全マップ誕生秘話

もっとも、こうした崇高な理念が最初からあったわけではない。私と犯罪機会論との出会いと同様に、地域安全マップの発明も偶然の産物だった。

当時、私が勤務する立正大学には、必修科目として、学外で行う調査実習があった。そこではアンケート調査を行うのが当たり前だったが、それでは犯罪機会論を生かせない。そう考えた私は、講義で学んだ犯罪機会論を学生たちに実践させる手段として、マップづくりを思いついた。犯罪機会を探して街を歩けばマップができ、それで立派な調査実習になると思ったのだ。

ただし心配なこともあった。今どきの大学生である。飽きずに街歩きができるのか不安だった。そこで苦肉の策として、調査が完了したら遊園地に行くことにした。馬の鼻先にニンジンをぶら下げたのである。

だが遊園地に着くと、学生たちは意外な行動に出た。レストランに閉じこもり、外に出てくる気配が一向にない。けげんに思った私が電話をかけてみると、皆で調査結果について議論しているではないか。これには驚いた。そして気づかされた。マップづくりは、遊園地で遊ぶことよりも面白いのではないかと。

そこから地域安全マップの普及活動が始まった。学生たちを魅了する不思議な力があるのなら、子どもも大人も楽しみながら危険予測能力を高めることができるに違いない。

そう思って今日まで、学生と二人三脚で、地域安全マップの魅力を全国各地でアピールしてきた。任重くして道遠しではあるが、二〇〇八年には、内閣総理大臣をトップとする政府の犯罪対策閣僚会議が策定した『犯罪に強い社会の実現のための行動計画』で採用されるまでになった。

人権を侵害する不審者マップ

こうして小学校などへの導入が進んでいる地域安全マップではあるが、残念ながら、そのほとんどは「間違った作り方」をしているようだ。正しい作り方の普及に取り組んでいる東京都でも、地域安全マップの授業を実施している小学校は全体の四割である(産経新聞二〇〇九年九月二五日付)。

では、どこがどう間違っているのか——。

最も問題なのが、不審者が出没した場所を表示したり、不審者への注意を呼びかけたりする「不審者マップ」である。

本当の不審者(犯罪を企てている人間)は、標的(犯行対象)を必死でだまそうとするから、外見や動作から存在を突き止めるのは簡単ではない。にもかかわらず子どもたちは、見ただけで不審者を識別できると思い込んでいる。その根拠を聞くと、「サングラスをかけているから」とか「マスクをしているから」と答える。

しかし、こうしたイメージは誤っている。例えば、岡山市の不審者情報(この情報自体、子どもの主観的判断に依存しているので信頼度は低いが)を見ても、サングラスをかけていたのが全体の三%、マスクをしていたのが全体の一%だった。誤ったイメージが植え付けられているからこそ、子どもは簡単にだまされてしまうのだ。

このように、不審者マップには防犯効果は期待できない。加えて、その副作用も極めて大きい。

外見上の識別が困難な不審者を無理やり発見しようとすると、平均的な日本人と外見上の特徴が異なる人の中に不審者を求めがちになる。具体的には、外国人、ホームレス、知的障害者がマップに載ってしまう（写真3）。

このように不審者マップは、差別や排除を生み人権を侵害する。しかもそれだけではなく、不審者マップには子どもたちを人間不信に陥らせる副作用もある。

子どもたちは繰り返し「不審者に注意しなさい」と言われると、周囲の大人を不審者ではないかと疑うようになる。他人を疑えば疑うほど、不審者のイメージはサングラスやマスクをしている人から普通の外見の大人へと広がっていく。その結果、不審者は「知らない人」を意味するようになる。

不審者マップがたくさん作られるようでは、子どもは大人を怖がり大人から離れていくばかりだ。さらに、大人も不審者扱いされたくないので子どもから離れていくだろう。

トラウマを悪化させる犯罪発生マップ

作り方を間違えたマップの二つ目は、実際に犯罪が起きた場所を表示した「犯罪発生マップ」である。

犯罪発生マップは、二次元の広域地図を基礎にして「鳥の目」から見た環境である。これに対し地域安全マップは、三次元の景色を基礎にして「虫の目」から見た環境である。

犯罪発生マップは、警察などの行政機関が地理情報システム（GIS）と組み合わせて、警察力の適正配分などを検討する際の資料としては有効である。しかし、一般の人がそれをそのまま見せられても、行動パターンをどのように変化させたらいいのか分からない。前述したように、日常的な生活空間は地図ではなく景色によって構成されているからだ。

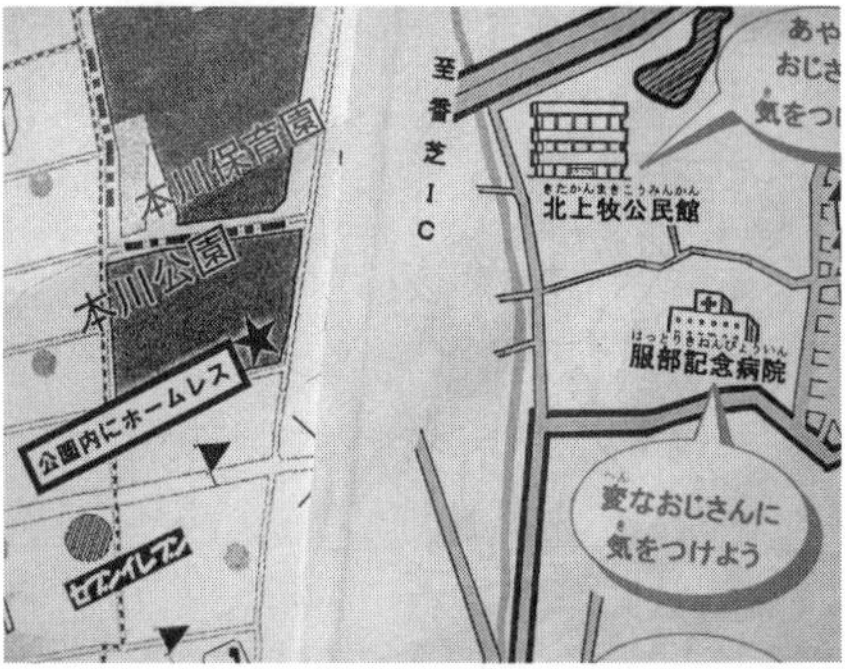

写真３　人権を侵害し、人間不信を招く「不審者マップ」

要するに、景色解読力は犯罪発生マップを見ているだけでは決して高まらない。

さらには、副作用を引き起こす危険性もある。有害な影響は、犯罪発生マップを作ろうとして、被害に遭った子どもから、その場所（＝犯行現場）を聞き出そうとするときに生じやすい。

この場合、聞き取りは治療のためではなく、犯人逮捕のためでもない。被害児童は調査サンプルにすぎず、モノとして扱われるだけである。そのため、被害体験を思い出させると、子どものトラウマ（心の傷）は悪化してしまう。それがフラッシュバック（再体験）の引き金になることもある。

答えたくなければ答えなくてもいいとした場合でも大差ない。ここでの問題は、プライバシーではなくトラウマ、言い換えれば、記憶の開示ではなく想起なのだから。

アメリカ司法省の『犯罪被害者に対する初期対応』にも、子どもが被害者の場合には「被害者への事情聴取の回数を制限せよ。事情聴取には、検察、児童保護、医療などから、できるだけ多くの適任者を呼び集めよ」と書かれている。聞き取りが許されるのは一回だけ、という趣旨である。

ところが、埼玉県のある小学校では、犯罪発生マップを作製するため、性犯罪を含む犯罪の被害体験アンケートを実施してしまった。そのため、アンケートの実施は人権侵害に当たるとして、弁護士会に人権救済の申し立てがなされる事態に立ち至った。

このように大人の都合から、話したがっていない被害児童に話をさせると、トラウマは悪化する。しかし逆に、被害児童が自分から話し出したときに、その告白をしっかり受け止めて共感するとともに、再被害を防ぐ自信を与えて支えになれば、トラウマは回復する。

実は、正しい地域安全マップづくりにはそのチャンスがある。マップづくりの最中に、被害児童から告白されることがあるからだ。被害児童の心のケアに果たすマップの役割は、意外に大きいのかもしれない。

景色解読力と社会的な絆

最後に、正しい地域安全マップの効果を整理しておきたい。

一番目の効果は、マップ作製者の危険予測能力（景色解読力）が高まり、その結果、その人が犯罪に巻き込まれる確率が低下することである。

大阪教育大学附属池田小学校の孕石《はらみいし》泰孝教諭と岩井伸夫教諭は、小学校で行った地域安全マップの授業を、児童への事前と事後の意識調査によって検証し、危険予測能力の向上という学習効果があったと結論づけている。

東京都目黒区の五本木小学校では、一人で登下校する児童の数が、地域安全マップの授業の後に減ったという（朝日新聞二〇〇五年一二月一日付）。危険予測に基づく危険回避ができるようになったのである。同中央区の日本橋小学校でも、子どもたちが、地域安全マップの授業を受ける前までは近道なので通っていた危険な場所を、授業を受けた後は通らなくなった（毎日新聞二〇〇七年三月二六日付）。これも危険予測に基づく危険回避行動である。

二番目の効果は、マップを作製した子どもが非行に走りにくくなることである。地域安全マップの授業はグループワークの形式をとる。そのため子どもたちは、クラスメイトとの相互作用の過程で、コミュニケーション能力などの社会的スキルを伸ばすことができる。

地図に装飾を施す作業の目的は、能力的あるいは性格的にコメントを適切に書けない子どもにも役割を与え、地図の完成に貢献したという証拠を地図の上に残すことである。そうすることで特定の子どもが排除されることを防ぎ、子ども同士の仲間意識を高めようというわけだ。

また地域安全マップの授業は、シティズンシップ（市民性）教育という性格も帯びている。子どもたちは、街の探検を通じて地域社会への関心を高める。近隣住民へのインタビューも、情報収集というのは建前で、本音は子どもたちと地域住民との信頼関係の構築にある（知らない人＝不審者という誤解を解く）。

福山大学の平伸二《ひら》教授は地域安全マップの授業の効果を測定し、子どもたちのコミュニケーション能力と地域社会への愛着心が高まったと報告している。

要するに、地域安全マップの授業には、子ども同士の絆の強化、さらには近隣住民との絆づくりが期待できるのである。アリゾナ大学のトラヴィス・ハーシ教授によると、こうした「社会的な絆」（social bond）は子どもを非行から遠ざけるという。

三番目の効果は、地域社会における街頭犯罪の発生率を低下させることである。

地域安全マップづくりによって犯罪機会論の考え方が広まれば、地域社会を基盤とした防犯活動が理論的な指針を得て、無理なく無駄なく展開されるようになる。その意味で、地域安全マップはコミュニティ・エンパワーメントの手法なのである。

大阪府寝屋川市では、小学校での地域安全マップづくりの後に、子どもたちが発見した危険箇所を近隣住民が改善した（読売新聞二〇〇六年一一月一六日付）。子どもたちが地域の「かすがい」になって、大人たちを動かしたのである。

総務省の『地域づくりキーワードＢＯＯＫ―地域コミュニティ再生』には、小学校での地域安全マップの授業の後に、街頭犯罪の発生件数が減少した大阪府八尾市のケースが掲載されている。この報告書によると、二〇〇六年度に八尾市全体では街頭犯罪が前年度に比べて七％増加したにもかかわらず、市内で唯一地域安全マップづくりを実施した竹渕地区では、街頭犯罪が前年度に比べて一六％減少したという。

こうした効果が認められる一方、「地域安全マップは被害者を傷つける結果につながる」という批判もある。「危ないと知っていて、どうしてそんなところに行ったのか」と責めはしないかというのである（東京新聞二〇一一年四月一七日付）。

しかし、これはおかしな理屈だ。むしろ論理のすり替えと言ってもいい。注意を怠った者を責めることになるから注意そのものをしないとは、何とも無責任な話ではないか。被害者が責められる可能性があるからといって、ライターを使った火遊びや工事現場でのかくれんぼを許したり、台風接近時の登山や海水浴を認めたりはしないだろう。危険なことは危険だとしっかり教える安全教育と、被害に遭ったときの心のケアは別次元の問題だ。心のケアを理由に安全教育を否定するのは本末転倒である。

地域安全マップが真の防犯効果を発揮するためには、まだまだ越えなければならないハードルは多い。

3　防犯ブザーは鳴らせない

子どもはだまされてついていく

子どもを守る防犯用品の定番と言えば、防犯ブザーである。

内閣府の『子どもの防犯に関する特別世論調査』（二〇〇六年）では、「子どもの防犯のために効果的と思う地域や家庭の取り組み」として、防犯ブザーを挙げた者の割合は四三％と、防犯パトロール（五二％）、近隣との情報交換（四六％）に次いで三番目に高かった。また、文部科学省の『学校の安全管理の取組状況に関する調査』によると、二〇一〇年現在、全国の小学校の八五％で、防犯ブザーの子どもへの配布を行っている。

このように、子どもの安全のためにまず考えるのが防犯ブザーだ。子どもに防犯ブザーを持たせることは、親の間では常識になっている。

しかし、過信は禁物である。そもそも、犯罪者にだまされてついていく子どもは、防犯ブザーを鳴らそうとは思わない。

警察庁の『子どもを対象とする略取誘拐事案の発生状況の概要』（二〇〇三年）では、「甘言・詐言を用いて」犯行に及んだ被疑者は全体の五五％だった。この調査は一五歳以下の子どもを対象にしていて、中学生と高校生も含まれている。したがって、被害者が小学生以下の誘拐事件については、だまされて自分からついていくケースの割合がもっと高くなると推測される。

さらに前述したように、性的事件については暗数が多いので、子どもの犯罪被害のほとんどが、だまされたケースなのかもしれない。

実際、こんな事件があった。

「ハムスターを見せてあげる」「カブトムシがいるよ」などと声をかけて、女児を団地の階段に誘い込み、わいせつな行為をしていた男が、逮捕後に約五〇件の余罪を自供した。この男は「虫歯を見てあげる」と言って女児の口を開けさせ、舌をなめていたそうだ。

とすれば被害に遭った子どもたちは、自分が犯罪の被害者だとは認識できなかった可能性が高い。むしろ、この犯人は「虫歯を治してくれた親切な人」だったかもしれない。

だからこそ親にも告げず、その結果、五〇件もの事件が発覚しなかったのである。

また、こんな事件もあった。

「子ども用の風邪薬を作るから、つばをくれないか」「ジュースはのどに悪いよ。つばをちょっと見せて」などと話しかけた男が、女児につばを吐き出させ、その様子をビデオカメラで撮影し、さらには吐き出させたつばを持ち帰り飲んでいた。この犯人の供述によると、一七年間に約五〇〇人の女児からつばをもらったという。

なぜ、こうもだまされるケースが頻発するのか。

学校や家庭では、「不審者に気をつけろ」「知らない人にはついていくな」と繰り返し教えている。にもかかわらず子どもは、いとも簡単にだまされている。それもそのはず、「不審者」とか「知らない人」といった人間に注目させているからこそ、だまされるのだ。

先にも述べたように、本当の不審者は、防犯チラシに登場する不審者のように、マスクをしたりサングラスをかけたりはしない。むしろ普通の大人を装い、目立たないように振る舞う。

「知らない人」というのもあいまいな表現だ。子どもの世界では、知らない人と道端で二言三言、言葉を交わすだけで、その人は知っている人になる。ましてや、数日前に公園で見かけた人は、すでに知っている人である。

このように、だれが犯罪を企てているかは見ただけでは分からない。言い換えれば、人に注目している限り犯罪は予測できない。犯罪を予測するためには、絶対にだまさないものにすがるしかない。それが景色である。

誘拐犯は児童心理のスペシャリスト

子どもの防犯の「常識」がいかに危ういものであるか、いわゆる宮﨑勤事件に沿って検証してみよう。

埼玉県と東京都で一九八八年から翌八九年にかけて四人の幼女が相次いで誘拐、殺害された。この事件の報道では、犯行の異常性ばかりが強調された。しかし、異常だったのは犯行後の言動であり、犯行そのものは極めて合理的で緻密《ちみつ》なものだった。

それが端的に表れているのが、最初の誘拐の手口である。犯人は四歳の幼稚園女児を歩道橋の上からマンションの駐車場に止めておいた車まで連れ去ったが、その方法が実に巧妙なのだ。

まず犯人は、歩道橋の階段を上り始めた女児の姿を目にすると、同じ階段ではなく反対側の階段から上っていった。そして歩道橋の上で女児に近づくと、目の前に腰をかがめ、笑顔で「涼しいところに行かないか」と声をかけた。しかし無理強いせず、「今来た方でいいんだよ」と言ってから、一人で先に歩道橋を下りていった。

何と巧みな戦略だろうか。歩道橋を反対側から上ることで偶然の出会いを装い、腰をかがめて目線を同じ高さにすることで親近感を抱かせ、先を歩くことで警戒心を解きながら追従心を呼び起こしたのだ。

もしも二人の姿がマンションの住民や通行人に見られても、後ろからついて来た女児が自ら進んで車に乗り込むという状況の下では、女児が連れ去られているとは気づかれないだろう。

さてこの事件、防犯ブザーで防げるだろうか。「不審者に気をつけろ」「知らない人にはついていくな」と教えるだけで防げるだろうか。

犯人が優しく信頼できる大人であるかのように振る舞い、その結果、子どもの安心感や親密感が増してしまう事件には、これらの手法は無力である。同様に、護身術を習っていても、「助けて」と大声を出す訓練をしていても、この種の事件は防げない。犯人が賢い場合には、強引に子どもの手を引いて連れ去るような愚かなことはしないからだ。

この種の事件を防ぐには、子ども自身が、だまされそうになっていることに気づくしかない。しかし、人はウソをつくから、人を見ていてはだまされてしまう。ウソをつかない景色だけが、だましに気づかせてくれるのである。

恐怖は思考より早く起こる

では、力ずくで連れ去られるケースに対してなら、防犯ブザーは有効だろうか。

まず考えなければならないことは、突然襲われたときに果たして防犯ブザーを鳴らせるか、という点である。実際、「怖くてブザーを鳴らせなかった」と報道されたこともある（北海道新聞二〇〇三年一一月二四日付）。

ニューヨーク大学のジョゼフ・ルドゥー教授によると、恐怖は思考よりも早く条件反射的に起こるという。とすれば、防犯ブザーの効果を知っていても、それを鳴らそうと思う前に恐怖で体が硬直してしまう可能性が高い。文字通り、思わずすくんでしまうということだ。

千葉県松戸市の路上で下校途中の女児が刃物で切りつけられた事件（二〇一一年）で

も、刃物を持った男が近づいてきたので逃げようとしたが、転んだので刺されてしまったという。思考（＝走れば助かる）よりも先に条件反射的に生じた恐怖（＝殺される）によって、体が硬直し足がもつれてしまったのだろう。

やはり、恐怖を感じる場面では、大声で助けを求めることも、走って逃げることも、防犯ブザーを鳴らすこともできないと思った方がいい。

それでも、子どもは恐怖を乗り越えて、防犯ブザーを鳴らそうとするかもしれない。しかしその場合でも、故障や電池切れで鳴らない可能性がある。実際、国民生活センターが二〇〇八年に実施した調査では、防犯ブザーを配布した地方自治体の八割が、故障を訴える苦情を受けていた。

仮に、機械的なトラブルもなく防犯ブザーを鳴らせたとしても、警報音が届く範囲に大人がいない可能性もある。山道や農道では特にその可能性が高い。周囲に大人がいたとしても、警報音が聞こえない場合も想定できる。都市部では、自動車や工事の音で話し声がかき消されることも多い。

さらに、警報音が聞こえたとしても、ふざけているだけだと思って助けに来ないかもしれない。

東京都品川区では、年間一億六〇〇〇万円の税金を投入して、防犯ブザーを鳴らすと自動的に救難信号が区役所に送られるシステムを運営している。しかし、防犯ブザーを鳴らしたケースの九九・九%は誤報だった（毎日新聞二〇〇八年三月八日付）。

こうした誤報の多さは、周囲にいる大人の関与する意欲を減退させる。例えば、次の新聞投書にもそのことが表れている（朝日新聞二〇〇七年八月九日付）。

「今年の5月、学校の帰りに友だちとふざけながら歩いていたら、かばんに着けた防犯ブザーを過って鳴らしてしまった。『リリリリリ』と大きな音がして、あわててブザーを止めた。周りの人たちが驚いたのでは、と思いながら周囲を見渡した。でも、その場にいた数人の大人たちは、誰も僕たちの方を見ていなかった。2、3メートル前にいた人は、振り返りもせずに歩いていった。このとき、僕は驚きと同時に、不安を感じた」

さらに深刻なのは、防犯ブザーを鳴らしたために、犯罪者が逆上したりパニックになったりして、より一層暴力的な行為に及ぶかもしれない、ということだ。

実際、幼稚園児が駐車場ビルの屋上から突き落とされた長崎男児誘拐殺害事件についても、「予想以上の抵抗にパニック状態になり、発作的に投げ落とした可能性が高い」と伝えられている（毎日新聞二〇〇三年七月一三日付）。

「はじめてのおつかい」は児童虐待

もちろん、このような限界はあるものの、防犯ブザーが自己防衛に役立つ可能性があることまでは否定できない。したがって、防犯ブザーは持たせないよりも持たせた方がいい。

しかし忘れてならないのは、防犯ブザーは犯罪者に襲われたときに使うものであり、したがって、防犯ブザーを使うときは子どもにとっては絶体絶命の場面である、ということである。

そうした局面に追い込まれないためには、未来の犯罪を予測するしかない。つまり、防犯ブザーを使わないで済ますには、防犯ブザーが必要になる状況を予測して、そのような状況が生まれる前に回避行動をとる必要がある。

子どもの危険予測能力（景色解読力）を高める地域安全マップづくりの重要性はここにあるのだが、実は、絶体絶命の場面に追い込まれない方法がもう一つある。それは、子どもだけにしないことだ。

内閣府の『子どもの防犯に関する特別世論調査』（二〇〇六年）では、子どもが犯罪に巻き込まれる不安を感じている人が七四％に上った。にもかかわらず日本では、西洋諸国とは異なり、「親は子どもを一人にさせてはならない」という考えはあまり見られない。

イギリスの小学校では、親が子どもの送り迎えするのが常識だ。私も留学中、子どもを迎えにたびたび小学校に行った。学校の送迎だけでなく、友達の家に遊びに行くのにも、親が付き添って送り届けるのが常識になっている。そのため、子どもが街中を一人で歩いている姿を見ることはまずない。

イギリスと異なり、日本では学校の送り迎えをする習慣はない。それどころか、子どもを一人で車の中で待たせる親も珍しくない。そのため、子どもが車内に閉じ込められる事故も多く、日本自動車連盟によると、そうした事故が毎月二〇〇件以上起きているという。

西洋諸国では、子どもを車の中に置き去りにすることは児童虐待（ネグレクト＝保護の怠慢）だという意識が強い。しかし、日本ではそうは見なされない。

幼児を一人で買い物に出かけさせ、その苦労する姿を隠し撮りするテレビ番組も二〇年以上続いている。こうしたことも、西洋諸国では児童虐待と見なされるのが普通だ。

そのため、「ようちえん絵本大賞」を受賞したロングセラー児童書『はじめてのおつかい』も、アメリカでは出版できない（毎日新聞二〇一〇年九月二日付）。

日本において児童虐待をめぐる意識が今のままなら、子どもだけにしないという方法を提案しても、それが採用される可能性は低い。たとえ意識が変わっても、それを可能ならしめる社会制度（職住接近や育児時短勤務など）が整備されない限り、この方法が現実味を帯びることは期待できない。

したがって今後も、子どもを絶体絶命の場面に追い込まないためには、子どもの景色解読力を高めて、たとえ一人でいても事前に危険を回避できるようにすることが、唯一の現実的な方法なのである。

4　住民パトロールは弱点を突かれる

防犯パトロールに効果はあるか

地域住民が行う防犯活動の中で、最も一般的なのがパトロールである。

警察庁の『自主防犯活動を行う地域住民・ボランティア団体の活動状況について』(二〇一二年)でも、パトロールを行っている団体の割合が八三%と、危険箇所の点検(四〇%)などに比べて高い数字が示されている。

地域でパトロールが活発に行われている背景には、「パトロールには防犯効果がある」という住民意識がある。このことは、警察でも常識になっているようだ。例えば、「県警は『パトロールが空き巣や車を狙った窃盗など犯罪抑止に効果を上げた』としている」と報道されたことがある(西日本新聞二〇一一年二月九日付)。

パトロールに強い効果があるように見えるのは、その背後に、パトロールに参加する住民の強い地域愛と意志力が感じ取れるからだろう。確かに、パトロール参加者の勤勉さ、根気強さには頭が下がる。

その一方で、パトロールの防犯効果については、科学的な検証結果が示されたことがない。そこで、効果検証ということになるのだが、学問的に耐えられる形で行うためには、比較対象を設定する必要がある。

例えば、A地区におけるパトロールの効果を検証するためには、A地区と地域的特徴（自然、人口、産業、交通など）やその量的・質的変化が似ているがパトロールを実施していないB地区を選定し、両地区の犯罪発生率の変化を比較することが必要である。

その結果、A地区の犯罪発生率の減少率の方が大きければ、パトロールには防犯効果があると言える。しかし、両地区の犯罪発生率の減少率が同一であれば、パトロールには防犯効果が認められず、B地区の犯罪発生率の減少率の方が大きければ、パトロールには犯罪を増やす効果があることになる。

このように、防犯パトロールを実施した地区で犯罪が減ったとしても、それがパトロールの影響であると自動的には証明されない。犯罪が減少したのは、その地区の人口が減少したからかもしれないし、景気が回復したからかもしれない。それとも影響したのは、娯楽品の価格下落か、地域スポーツクラブの設立か、はたまた記録的な大雪か——。どれもこれも犯罪発生率に影響を及ぼした可能性がある。

実際には、多数の要因が複雑に絡み合いながら犯罪を増減させるのだろう。その中から一つの活動（＝パトロール）を取り上げてその効果を確認するには、厳密な手順（理想的には活動地区と無活動地区を無作為に選んで行う実験的調査）を踏むことが不可欠であり、短絡的な解釈は慎まなければならない。

こうした視点から、「証拠に基づく犯罪対策」(evidence-based crime policy) を提唱するケンブリッジ大学のローレンス・シャーマン教授は、「科学的基準によって有効性が証明された地域密着型のプログラムは一つもない」と述べている。

証拠がなければ何も始められないか

「証拠に基づく犯罪対策」という切り口は、このごろ犯罪学者の間で流行になっている。その視点自体には私も賛成だ。ここまで述べてきたような間違った思い込みから解放されるためにも、証拠を求める姿勢は大切である。しかし最近は、その姿勢に行き過ぎの感がある。

パトロールに限らず、有効性が証明されていないということは、効果が不明であるということにすぎず、無効性が証明されたわけではない。にもかかわらず、「証拠がないなら直ちにやめるべき」といった声をよく耳にする。それに従えば、ほとんどすべての防犯活動がストップしてしまうだろう。

ここで言う「証拠」が量的なものに偏っていることも気になる。例えば、「アンケート調査で実態を把握すべき」とか「効果を数字で示せ」といった指摘が多い。しかし、量的な調査が質的な調査（観察やインタビューなど）に勝るとは限らない。むしろ深いところまで迫ろうとするなら、質的調査の方がふさわしいとさえ言える。

また量的な証拠は、現在行われている活動の効果を検証する上では重要だが、新しい活動を考案する上ではあまり役に立たない。量的な証拠は、確認を得意とするが創造は不得意なのだ。この点、質的なフィールドワークやケーススタディには発見の機会が豊富なので、新しい対策を生み出す役割も期待できる。

最近流行のアクション・リサーチ（当事者と研究者の共同実践を通じて問題解決を図る研究手法）は、まさにそうした動的な思考に基づいている。現場に密着するこの研究は、量的な方法よりも質的な方法になじむものである。

政治学や経済学では、ポリシー・アントレプレナーシップ（政策起業家精神）も重視されるようになってきた。政策立案に結びつく研究が求められているということだ。

今後は犯罪学者も、後ろ向きに政策を評価するだけでなく、前向きに政策を提案することに、もっと積極的になってもいいのではないか。少なくとも、「証拠がなければ何も始まらない」と考える必要はないだろう。

ランダム・パトロールは役に立たない

防犯パトロールに話を戻そう。

そもそも冷静に考えれば、まずパトロールがすべての時間と空間をカバーできないことは明白である。

テキサス州立大学のマーカス・フェルソン教授は、警察官によるパトロールがカバーする範囲について、ロサンゼルス郡を例に試算した結果を、「それぞれの場所が見られている時間は一日につき一五秒」「一日の九九・九八％は警察官に守られていない」と報告している。

もっともこの計算結果に対しては、実際ほとんどの時間帯に警察官が現れなかったとしても、いつ現れるのかが分からなければ、警察官が至るところにいるという感覚を生むので犯罪は抑止できる、という反論があるかもしれない。

　こうした考え方から、かつてはアメリカでもランダムなパトロールが推進されていた。しかし、いわゆるカンザスシティ防犯パトロール実験（割れ窓理論の提唱者ジョージ・ケリングらが一九七〇年代前半に実施したカンザスシティ警察のパトロール検証）で、その有効性が否定されてからは、ランダム・パトロールを支持する犯罪学者はほとんどいない。

　警察官がいつ現れるのかが分からなかったとしても、現れたら犯行をやめればいいだけのことだ。ロバート・レスラー元ＦＢＩ捜査官は、ある連続殺人犯の行動を分析し、「彼は毎晩被害者を物色していたが、実際に犯行に及ぶのは状況が理想的なときだけだった」と結論づけている。要するに、やるかやらないかの決定権は犯罪者側にあるのだ。

　このように、犯罪者にとっては、ランダム・パトロールは恐れるに値しない。そのため、パトロール中に犯行が発見されることもまずない。

　イェール大学のアルバート・リース教授がシカゴで実施した調査では、逮捕の九三％が市民からの通報に基づくものであった。ニューヨーク州立大学のデイビッド・ベイリー教授も、日本についての著書の中で、「パトロールの警察官が緊急事態を発見することはめったにない。たまたま事件にでくわすといった機会は実に少ない」と述べている。

ホットスポット・パトロールのススメ

このように犯罪科学の主流は、ランダム・パトロールの防犯効果については否定的である。

ただしそれらの調査・研究は、警察官によるパトロールに関するものであって、地域住民によるパトロールに関するものではない。しかし、住民パトロールに関する調査がほとんど行われていない現状では、その効果については、警察官によるパトロールに関する調査結果から類推するしかない。

その研究結果に従うと、最も大きな防犯効果が期待できるのは、問題指向型と呼ばれている形態のパトロールである。それは、「問題指向型警察活動」(problem-oriented policing)の実践として位置づけられている。

問題指向型警察活動とは、ウィスコンシン大学のハーマン・ゴールドスタイン教授が提唱した警察活動改善のための枠組みであり、科学的証拠を重視する前出のシャーマン教授もその有効性を認めている。

問題指向型パトロールの要素は三つある。それは、地理的な集中、多様な手段、そして礼儀正しい態度である。

まず、地理的な集中について――。

パトロール要員の警察官を増やしても犯罪は減らないが、犯罪多発地区にパトロールを集中すれば犯罪は減る、というのが一貫した研究結果である。

ペンシルベニア大学のクリストファー・コーパー研究員によると、パトロール中の警察官がホットスポット（犯罪多発地点）に滞留する時間が一五分までは、滞留時間が長くなれば長くなるほど、警察官がいなくなってから犯罪が起きるまでの時間が長くなる（＝防犯効果が大きくなる）。しかし、その時間を超えて滞留していると、犯罪発生までの時間は短くなる（＝防犯効果が小さくなる）という。

こうしたホットスポット・パトロールに関するこれまでの研究結果を収集・評価したハーバード大学のアンソニー・ブラーガ研究員は、「警察の取り組みを犯罪が多発する場所に集中させれば、犯罪の予防に良い効果がある」と述べ、防犯の取り組みを集中させても「犯罪が周辺地域へ転移することはない」と結論づけている。

警察官によるホットスポット・パトロールが有効であれば、地域住民によるホットスポット・パトロールも有効なはずだ。

ホットスポットがどこなのかは、警察が作製した犯罪発生マップを見れば分かる。さらに地域安全マップづくりに取り組めば、未来のホットスポットも把握できる。

顔を見られてもあきらめない

ところが、こうしたパトロールの方法は、日本では全くと言っていいほど注目されてこなかった。ようやく最近になって、神奈川県藤沢市で、住民向けのホットスポット・パトロール研修会が開催されたが、それくらいだ。

なぜ日本では、ランダム・パトロールへの信仰が根強いのか。

その理由の一つが、一九九六年に警視庁が空き巣犯三五人にインタビューした結果である（都市防犯研究センターの報告書）。それによると、空き巣犯が犯行をあきらめた理由のトップは、「近所の人に声をかけられたり、ジロジロ見られたりしたこと」だという。

この調査結果を踏まえてマスコミも、「犯行前に住民に顔を見られたと思ったら、しばらくその近辺には近づかないのが普通だ」などと伝え（朝日新聞二〇〇四年一二月二四日付）、こうした見方が広まっていった。

その結果、パトロール中に下見をしている空き巣犯に遭遇すれば、空き巣犯は犯行をあきらめる、という「常識」が生まれたようだ。

しかし、この調査――一見もっともらしいが、実はそこには大きな落とし穴がある。この調査の対象は、捕まった空き巣犯である。つまり、レベルの低い犯罪者だけを調べたにすぎない。犯罪の成功と失敗を見分ける基準がその程度だからこそ捕まってしまった、とさえ言えるかもしれない。

もっとも、空き巣犯のほとんどが捕まっているのであれば、この調査結果は実態を反映したものと言える。しかし、『犯罪白書』（二〇一二年）によると、不法侵入の被害申告率は四七・九％であり、『警察白書』（二〇一二年）によると、住宅対象侵入盗の検挙率は五三・二％である。ここから推計すると、空き巣の実に四分の三は捕まっていないことになる。

多数派である捕まらない空き巣犯たちの行動パターンについては知るすべもないが、そのヒントが得られる事件もないわけではない。

例えば、約三〇〇件に上る空き巣を繰り返した男は、インターホンを鳴らして留守を確認し、「家人がいても、手帳をめくりながら『この辺りに誰々さんの家はありますか』と尋ねると疑われなかった」と言い（東京新聞二〇一〇年八月一三日付）、高級住宅地で約二〇〇件の空き巣を働いた別の男は、「怪しまれないようブランド品の帽子をかぶって散歩を装いながら、インターホンで家人の不在を確かめるなどして侵入先を物色」していたという（読売新聞二〇〇二年一二月一七日付）。

どうやら、なかなか捕まらない空き巣犯は、顔を見られたくらいでは犯行をあきらめそうにない。

このことは、空き巣だけでなく街頭犯罪一般にも当てはまりそうだ。例えば、約九〇〇件の車上荒らしを重ねたカップルは、「犬の散歩をしながら無施錠の車を物色していた」という（産経新聞二〇〇八年二月二二日付）。

このように、レベルの高い犯罪者は、こそこそと物色したりはしない。したがって、ターゲットの物色中に顔を見られても、それだけで犯行をあきらめるとは考えにくい。彼らが犯行をあきらめる理由は、もっとほかのところにあるに違いない。

外国人窃盗団の犯行パターン

もっとも、ランダム・パトロールは、犯行をあきらめさせることはできなくても、犯行を見つけることはできるから、それなりの防犯効果はある、という反論もあるだろう。

しかし残念ながら、パトロール中に犯行中の空き巣犯を発見する可能性は極めて低い。

写真４　空き巣がやりにくい住居、四合院（中国）

なぜなら、レベルの高い空き巣犯は、侵入口（窓とドア）が道路から見えにくい家を選んでいるからだ。つまり、道路を行ったり来たりしているだけでは、仕事中の空き巣犯には、まず気づけないのである。

下見の目的も、そういう「入りやすく見えにくい家」を探し出すことにあるのだ。

外国人窃盗団がわざわざ来日するのも、日本には「入りやすく見えにくい家」が多いからかもしれない。

例えば、中国の伝統的住居である四合院（中庭を囲んで四方に部屋を配した住宅）は、「入りにくく見えやすい家」である（写真４）。家の外側に窓がなく、出入り口も一カ所なので、極めて入りにくい構造になっている。無理やり壁をよじ登ったとしても、降りる先は中庭なので、侵入者は四方から丸見えである。

ところが、アメリカで盛んなホットスポット・パトロールは、日本の「入りやすく見えにくい家」が外国人窃盗団に対抗する際にも、威力を発揮するかもしれない。

現場の警察官の話やマスコミの報道などを総合すると、外国人窃盗団の犯行パターンは次のようなものであるらしい。

まず、三〜五人でサーチエリア（ターゲットの家を探す住宅地）に車で乗り入れ、「作戦本部」として使えそうな場所を探す。次に、そこを拠点にして徒歩や車で下見に出かける。そして最後に、作戦本部に止めた車の中で、実行の可否や段取りについて話し合う。

——もしそうなら、作戦本部になる場所はかなり重要である。つまりこの場所こそ、ホットスポットであるに違いない。具体的には、入りやすく見えにくい空き地、駐車場、公園、寺社などが選ばれるのだろう（逆に入りにくく見えやすい空き地などは選ばれにくい）。

では、こうしたホットスポットにパトロール中のメンバーが入り、しばしの間とどまったらどんな影響があるだろうか。

もちろん、パトロール側からすれば、どの車に乗った人が空き巣を計画しているかなど分かるはずはない。だが窃盗団側からすれば、このパトロールは何とも不気味だ。犯行グループを狙い打ちしたかのようなパフォーマンスは、空き巣の計画がバレている印象を与える。疑心暗鬼になった窃盗団は、もっと安心できる地域へ移動するに違いない。

このようにホットスポット・パトロールは、そのメンバーが気づかないうちに、犯罪を抑止する力を発揮しそうだ。

日本でも、ランダム・パトロールからホットスポット・パトロールへの切り替えが望まれる。そのためにはまず、ホットスポットを探さなければならないが、その作業はそれほど難しいものではない。前述したように、犯罪発生マップや地域安全マップを活用すれば、ホットスポットを容易に見つけることができるだろう。

それぞれのホットスポットでは、前出のコーパー研究員が発見した「コーパー曲線」に従って、一五分間の滞留が望ましいことになる。一五分とは、何やら微妙な時間だ。なぜそれ以上とどまると、防犯効果が下がり始めるのだろうか。長くいればいるほど、防犯効果は高くなるようにも思えるのだが——。

おそらく、こういうことだろう。

犯行グループが待機している場所に一五分間とどまったということは、次の場所（＝別のホットスポット）でも一五分間とどまることが予想される。したがって、最短なら一五分で戻ってきてしまう。それでは時間が足りず、犯行を完遂できない。

だが一時間とどまった場合には、次の場所でも一時間とどまることが予想される。つまり、最短でも一時間は戻ってこない。それなら余裕で、犯行を完遂できる。

このような意識が働き、防犯効果に差が出るのかもしれない。

利害関係者を巻き込む

これまで述べてきたように、アメリカで活発なホットスポット・パトロールは、日本でもかなりの防犯効果を生むだろう。

ただし日本では、アメリカほどには人種や収入による住み分けは見られず、犯罪の温床としてのスラム化も進んでいない。そのため、アメリカに比べて犯罪の特定地区への集中度は低い。

また通常、地域住民によるパトロールがカバーする範囲は、警察官によるパトロールの範囲よりも狭い。したがってその分、地域住民によるパトロールが対象にするホットスポットの数は少なくなる。

このことから、日本でホットスポット・パトロールを実施する場合には、その効果を多少差し引いて考える必要がある。そこで重要になってくるのが、問題指向型パトロールの第二の要素である。

第二の要素は、問題の解決に向けて広範で多様な手法を用いる、ということである。前出のゴールドスタイン教授は、問題指向型警察活動には刑法の使用が必ず含まれるわけではない、と論じている。つまり、警察官によるパトロールの目的は、現行犯逮捕がすべてではないのである。

カリフォルニア州オークランドでの成功事例を分析したクイーンズランド大学（オーストラリア）のロレイン・メイズロール教授は、①逮捕だけよりも民法上の手段や場所の物理的改善策を併用した方が大きな影響を及ぼすことができ、②警察が住宅部門や保健部門に連携を働きかけたり、地主や企業経営者から支援を引き出したりすることで長期的な効果が生まれる、ということを見出した。

そこから同教授は、関係する第三者を説得したり、強制的に従わせたりする「対第三者警察活動」(third party policing) の重要性を説いている。つまり犯罪予防には、犯罪機会を減らす力を持っている第三者(利害関係者や関係官庁など)を巻き込む必要がある、というわけだ。

こうした研究成果からは、地域住民によるパトロールと言うと、とかく不審者の発見を目的にしがちだが、それでは意味がないことになる。防犯効果が期待できる住民パトロールとは、不審者探しではなく、問題探しなのである。

問題探しの方法は、地域安全マップづくりと同じなので、(だれもが／犯人も)「入りやすい場所」と(だれからも／犯行が)「見えにくい場所」を探せばいい。

そんな場所を見つけたら、どうすれば「入りにくい場所」や「見えやすい場所」に変えられるかを話し合う(例えば、空き地をロープで囲めば入りにくくなり、駐車場に監視カメラを設置すれば見えやすくなる)。

話し合いの輪には、パトロールに参加している人だけでなく、近隣の住民、学校の先生、地元企業の従業員、警察官、地方自治体の職員などにも加わってもらう。対策が決まったら、それを実行に移し、パトロールでその後の変化をチェックする。

こうした問題の発見、分析、対処、評価という一連の科学的プロセスは、問題指向型パトロールの内容面だが、その形式面が問題指向型パトロールの第三の要素である。第三の要素は、パトロールは礼儀正しく行い、決して高圧的になってはいけない、ということである。

前出のシャーマン教授によると、「警察官が容疑者や一般市民に敬意を払うことをしなければしないほど、人々は法に従わない」という事実を裏付ける科学的証拠（実験調査結果）があるという。とすればパトロール中、無作法な振る舞いは厳に慎まなければならない。

この点で、行き交う一人ひとりに笑顔であいさつする方式は、優れたパトロールである。一般の人があいさつされれば、パトロールを応援したくなるだろう。一方、犯罪を企てている人があいさつされれば、犯行意図を見透かされたように感じるかもしれない。ただ顔を見られるよりも、よほど不気味に違いない。

このように、単調に見えるパトロールも、問題指向型パトロールの要素を取り入れれば、心理学や社会学の知見が盛り込まれた、実に奥の深いパトロールに進化する。そして奥の深いパトロールであればあるほど、防犯効果も大きくなるのである。

5　街灯は犯罪者を呼び寄せる

暗さは犯罪の原因か

夜間に街頭で事件が起こると、決まって「暗いから犯罪が起こった」「街灯を増設してほしい」という声が上がる。例えば、アルバイト帰りに行方不明になった島根県立大生が、山中で遺体で見つかった事件（二〇〇九年）でも、そうした声に押され、浜田市は二六基の照明を新設した。

このように、「夜間の犯罪を防ぐには街灯が一番」というのが常識になっている。しかし、本当に「暗さ」が犯罪の原因なのだろうか。

――そうだとすれば、昼間には犯罪は起こらないことになるが、現実はそうではない。

川崎市のトンネル内の歩道で、深夜に帰宅途中の女性が刺殺された事件（二〇〇六年）でも、犯行場所に選ばれたのは、トンネル外の暗い路上ではなく、トンネル内の明るい路上だった。殺害現場となったトンネルでは、七一基の蛍光灯が明るくともり、前方から近づいてくる人の顔もはっきりと分かる。

どうやら犯罪者も、普通の人と同じように明るい場所が好きらしい。

そういえば、住宅への侵入盗が発生した時間帯（二時間ごと）も、「午後二時から四時まで」がトップで、「午前二時から四時まで」の二倍近くの事件がその時間帯に発生しているという。

確かに、防犯キーワードである「見えにくい」という基準に照らせば、暗い方が見えにくいので、「暗い場所は危険」と思われるかもしれない。しかし、見えにくいのは「薄暗い場所」であって、「真っ暗な場所」は見えないのではないのか。

見えない場所では、犯行対象（好みの顔立ち、弱そうな体格など）を確認できないし、逃走するのも難しい。したがって、真っ暗な場所は犯罪者には好まれない。犯罪者と言うと、とかく暗がりに潜んでいる姿を想像しがちだが、そんな場所は犯罪者でも気味が悪いだろう。

犯罪者も同じ人間である。明るい場所では安心し、暗い場所では不安になるはずだ。つまり、犯罪者の明暗に対する反応も、基本的には普通の人々と同じと考えた方がいい。

ただ、犯行を始めると薄暗い場所の好感度が高まる、ということなのだろう。

街灯がひったくりを誘発

では、犯罪者が好む薄暗い場所（＝見えにくい場所）には街灯を設置した方がいいのか。

そもそも、街灯の機能は「夜の景色」を「昼の景色」に戻すことである。ということは、昼間安全な場所（例えば、両側に住宅の窓がたくさん見える道）に街灯を設置すれば、夜でも昼の景色に戻って安全性が高まる。しかし、昼間危険な場所（例えば、両側に高い塀が続く道）に街灯を設置しても、戻った景色は危険なままなので安全性が高まることはない。

要するに、昼間「見えやすい場所」に街灯を設置すれば、夜でも「見えやすい場所」になるが、昼間「見えにくい場所」に街灯を設置しても、夜だけ「見えやすい場所」にはならないのである。

後者のケースでは、夜になっても依然として「見えにくい場所」のままなのに、街灯によって「見えやすい場所」になったと勘違いしてしまい、それまでは暗かったので警戒していた人も油断するようになるかもしれない。それでは、かえって犯罪が起こりやすくなってしまう。実際のところ、街灯を設置した途端に、ひったくりが多発した造成地もある。

シンシナティ大学のジョン・エック教授も、「照明は、ある場所では効果があるが、他の場所では効果がなく、さらに他の状況では逆効果を招く」と述べている。

結局、街灯の防犯効果は昼の状況次第、ということになる。そのため、地域安全マップづくりも昼間に行うだけで十分である。場所がはらむ危険性の判断は、昼の景色が基準になるのである。

もっとも、昼間「見えにくい場所」に街灯を設置する場合でも、それが地域住民に安心感を与え、地域社会を活性化することにつながれば、昼の景色自体を変える動きが起こるかもしれない。しかしそれは、街灯の直接的な効果というよりも、間接的な効果と言えるものである。

街灯の防犯効果に関するこれまでの研究結果を収集・評価したノースイースタン大学（アメリカ）のブランドン・ウェルシュ教授とケンブリッジ大学のデイビッド・ファリントン教授も、これまでの研究には防犯効果を肯定したものと否定したものが混在するものの、肯定事例においては、街灯の改善が地域社会への関心を高め、それが環境改善の触媒となり犯罪を減少させた、と分析している。

さて、読者はもうお分かりだろう。

前述した川崎の女性刺殺事件で、トンネル内の歩道が殺害現場に選ばれたのは、暗かったからではなく、トンネルが周囲から見えにくい構造をしていたからだ（加えてトンネル壁面の落書きも影響しただろう）。トンネルの明るさは、むしろ被害者と加害者を引き寄せる要因になってしまった。虫が明かりに吸い寄せられるように、人もまた明かりに集まる。もしトンネルの中が真っ暗だったら、あの事件は起きていなかったかもしれない――。

青色防犯灯に効果はあるか

さて、街灯に関する最もホットな話題と言えば青色防犯灯である。

青色防犯灯は、二〇〇五年に奈良県警察によって初めて導入された。「イギリスのグラスゴーで、街灯を青くしたら犯罪が減った」と報じたテレビ番組に触発されたのがきっかけだ。これを皮切りに全国で設置が相次ぎ、今ではその数は三万を超えている。

しかし青色防犯灯の効果について、設置地区と不設置地区を無作為に選んで比較する実験的調査が行われたことはなく、その防犯効果を裏付ける科学的証拠はない。むしろ照明学会が発行した『有彩色光照明ガイド』には、「青色光ランプに取替えるだけで、防犯効果が得られる訳では決してありません」とさえ書かれている。

では、普及するきっかけになった前出のテレビ番組は、誤報を流したのか。その真偽を確かめるべく、私はグラスゴーを訪れた——。

グラスゴーに来てまず驚いたのが、警察署にも市役所の地域安全課にも、青色防犯灯の担当者がいないことだった。それを担当しているのは市役所の都市再生課であり、街灯を青くしたのも、文化創造やイメージアップによる都市の再生を意図したものだった。つまりグラスゴーにある街灯は、「青色防犯灯」ではなく、「青色ライトアップ灯」なのである。

しかも、青色の街灯があるのは目抜き通りのブキャナン通りだけであり、他の道路の街灯は白色である。これには拍子抜けしてしまった。これでは、グラスゴー全体の犯罪発生率に影響を及ぼせるはずがない。

もっとも、日本で青色灯が普及したのは、グラスゴーの事例だけでなく、生理心理学や色彩心理学の研究成果も背景にあったようだ。

青パトのプルキンエ効果

青色防犯灯設置の根拠とされてきた研究成果の一つが、いわゆるプルキンエ効果(Purkinje effect)である。それは、プラハ大学のヤン・プルキンエ教授が発見した、明るさへの目の感度に関する傾向である。

プルキンエ教授によると、明るい場所で同じ明るさに見える赤色と青色を暗い場所で観察すると、赤色の方が暗く見え、青色の方が明るく見えるという。

そもそも色彩心理学では、色には実際より近くに見える「進出色」と実際より遠くに見える「後退色」があるとされている。赤色は「進出色」、青色は「後退色」である。そのため、自動車のブレーキランプや消火器には、目に留まりやすい赤色が使われている。車体が青色の自動車が赤い車に比べて交通事故を起こす率が高いのも(日本損害保険協会の調査による)、色による見え方の違いが影響している可能性が高い。

ところが、こうしたことは日中のことであり、夜になると(暗い場所では)見え方が逆転し青色の方が明るく感じる、というのがプルキンエ効果である。産業技術総合研究所の佐川賢上席研究員によると、薄暗い場所では青色の感度が一〇倍に上昇するという。
青色防犯灯は、このプルキンエ効果を利用しようとしている。しかし注意しなければならないのは、明るく見えるのは「光源」であり、光源が照らす「地面」が明るく見えるかどうかは別問題だということである。

防犯対策にとって重要なのは、光源ではなく、光源によって照らされる地面である。人々が生活する街路が明るく見えるかどうかは、その表面がどのくらい光を反射するかにかかっている。つまり光源そのものの明るさが同じでも、光の反射率が高いほど、人の目に入る光の量が大きくなり明るく感じられるのだ。

この光の反射率について色彩心理学では、白に近い灰色ほど高く、黒に近い灰色ほど低いとされている。そこで、グラスゴーのブキャナン通りと日本の道路の色を調べてみると、大きな違いがあることに気づく。

日本の舗装道路の九五%はアスファルト舗装である。原油を精製して生産されたアスファルト舗装の道路の色は黒に近くなる。これに対して、ブキャナン通りは石畳の道である。花崗岩が敷き詰められているため、ブキャナン通りの色は白に近くなる。写真5を見れば、アスファルトを使って舗装した場合と自然石を使って舗装した場合とで、路面の色がどのくらい違うのかが分かる。

要するに、ブキャナン通りでは反射によって街路を明るくできた青い光も、日本の道路ではその多くが吸収されてしまい、周辺の路面を「見えやすい場所」にすることは難しいのだ。

それにしてもブキャナン通りは明るすぎる。

この明るさは、石畳だからというだけでは説明がつかない。それもそのはず、この街灯は、青い光を発するランプと白い光を発するランプの二つを搭載しているのである。どうりで明るいわけだ。

日本にも、これに近い状態を実現した街灯がある。広島化成らが開発した青色白色複合照明灯がそれだ。この街灯は青白二色の発光ダイオード（LED）を使い、「直下は白い光、遠くには青い光を発する」という（中国新聞二〇〇九年一一月三日付）。これなら、光の反射率が低い日本の路面も「見えやすい場所」にすることができるかもしれない。

話を戻すが、前述したように、プルキンエ効果は青色防犯灯設置の根拠にはならない。それは光源の話だからだ。

もっともプルキンエ効果は、青パト（青色回転灯を装備した住民パトロール車両）導入の根拠にはなる。回転灯は光源そのものだからだ。青色回転灯車が日没後にパトロールを行えば、プルキンエ効果によって、実際は遠くにいても近くにいるように感じさせることができるのである。

写真5　アスファルト道路（下）と石畳道路（上）

門灯は心を照らす

プルキンエ効果と並んで、青色防犯灯設置の根拠として挙げられてきたのが青色の鎮静効果である。

青色防犯灯を最初に設置した奈良県警察は、カラーセラピストから「青系は人を落ち着かせる沈静色」と聞いたそうだ（毎日新聞二〇〇六年二月三日付）。

確かに生理心理学や色彩心理学では、青色に人を落ち着かせる効果があることは認められている。だからといって、鎮静効果と防犯効果はイコールではない。そこに論理の落とし穴がある。

下見やイメージトレーニングを通じて、すでに十分鎮静している犯罪者は多い。鎮静していない犯罪者はミスをしてすぐに捕まるが、鎮静している犯罪者はなかなか捕まらない。その結果、犯罪のほとんどは鎮静している犯罪者によって引き起こされることになる。この種の犯罪者については、鎮静効果を論じても意味がない。

ロバート・レスラー元ＦＢＩ捜査官は、「殺人犯についての私たちの調査では、全体の三分の二が秩序型、三分の一が無秩序型と判断された」と述べている。つまり凶悪犯罪者でさえ、その多くは冷静で計画的であり、衝動的ではないというのである。

生理心理学や色彩心理学では、青色には集中力を高める効果もあるとされる。とすれば青色防犯灯は、期待とは裏腹に、犯罪を企てている人間の神経を犯行に集中させて、犯罪を成功へと導いてしまうことにもなりかねない。

さらに、興奮している犯罪者に対する鎮静効果も疑問だ。興奮の原因が飲酒や覚醒剤である場合に、青色を見ただけで冷静に戻るとはとても思えない。私がブキャナン通りの青色灯を調査していた約一時間の間にも、ビール瓶を手にした若者に三度しつこくからまれた。

このように、プルキンエ効果と鎮静効果は青色防犯灯設置の根拠にはなり得ない。色の効果自体は科学的に認められても、それを防犯に応用する段階で論理の飛躍があった。ここでもまた、間違った防犯の常識が、ボタンの掛け違いを生んでしまったのである。

さて最後に、門灯について触れておきたい。というのも、家々の門灯は、街灯に比べて照度は劣るかもしれないが、街灯にはない心理的な防犯効果を発揮するからだ。

門灯がついているということは、だれかが帰ってくること、そしてその帰りを待つ人がまだ寝ていないことを想像させる。つまり、犯罪者に人の気配を感じさせることができるのだ。

さらに、真夜中になってもついている門灯は、その家の人が、深夜に自分の家の前を通る地域の人を見守ろうという気持ちを表している。こうこうと路上を照らす門灯は、「この地域には、見守り合い、助け合う住民が多い」というメッセージになり、心理的に「見えやすい場所」を作り出すのである。

その意味で、一戸一灯運動は優れた防犯活動である。それは、自分たちの街だけでなく、犯罪者の心の闇も照らすことができるかもしれない。

6　監視カメラに死角あり

バレないと思えば怖くない

監視カメラほど、是非をめぐる対立が激しい防犯対策はないだろう。賛成派は、監視カメラなしでは現代の捜査は成り立たないとして、その有効性を強調し、反対派は、監視カメラによってプライバシーが侵害されるとして、その危険性を重視する。

果たして、水と油のような両者が折り合うことは可能だろうか。思うに、どちらの主張も極端すぎる。両者の折り合いをつけるためには、それぞれの「常識」を疑うことから始めた方がよさそうだ。

まずは、賛成派の万能論（抑止論）から――。

男子大学生がトイレ内で女児を殺害するという事件（二〇一一年）が起きた熊本市のスーパーマーケットには、監視カメラが一〇台も設置されていた。しかもこの犯人は、店内で四時間も女児を物色していたというから、いくら何でも、監視カメラの存在には気づいていたはずだ。にもかかわらず事件は起きた。

いったいなぜ、監視カメラは役に立たなかったのか。

そもそも、監視カメラを怖がるのは、犯行が発覚したときにカメラの録画映像に基づいて簡単に逮捕されてしまうからだ。ということは、監視カメラが怖いのは、犯行が発覚するかもしれないとビクビクしている犯罪者だけということになる。

逆に犯罪者が、犯行は発覚しないと信じ切っている場合には、監視カメラは恐れるに値しない。監視カメラに自分の顔が捕らえられたとしても、犯罪の発見がない以上、監視カメラの録画映像が見られることもない、と考えるからだ。

では、どのような犯罪者が犯罪の発見を想定しないのか――。

それは、標的（被害者）を最後までだまし通せる自信のある犯罪者である。「だまし」に成功して被害に気づかれなければ、犯行は発覚しない。したがって、捜査も開始されないというわけだ。

前出の熊本女児殺害事件の犯人も、この手の犯罪者かもしれない。犯行前の犯人には、犯行は発覚しないと思っていた節がある。発覚すると思っていたら、四時間もの間、堂々と女児を物色し続けられるだろうか。うまくだませると思っていたからこそ、それができたのではなかろうか。

こうした「だまし」の自信家には、監視カメラの脅しは通用しない。

おそらく当初の犯行計画では、「だれでもトイレ」に女児と一緒に入り、性的行為を犯すものの性犯罪だと感づかれない程度にとどめ、女児が被害に気づく前に解放するつもりだったのだろう。

ところが、トイレの外から女児を捜す声が聞こえ、ドアをノックされた。想定外の展開である。パニックに陥った犯人は、右手で女児の口をふさぎ、左手で首を圧迫した。その結果、計画に反して女児を窒息死させてしまった。つまり、計画的殺人だったわけではなく、「殺意は殺害の直前、父親らが被害者を捜している声を聞いた際に発生した」のである（読売新聞二〇一二年一〇月三〇日付）。

人はだませるが、物はだませない

犯罪者は「だまし」が大好きだ。普通の犯罪者なら、強盗よりも振り込め詐欺を好む。だましを用いた方が、力ずくでやるよりリスクが低いからだ。強盗の場合には、失敗すれば即逮捕される。しかし振り込め詐欺なら、失敗しても（＝だませなくても）まず逮捕されない。捕まるリスクを気にせず、「だまされる人」を探し続けられる。

子どもへの性犯罪者も、略取（暴行・脅迫が手段）よりも誘拐（偽計・誘惑が手段）を好む。いきなり襲えば捕まる可能性が高いが、だまして連れ去れば現行犯逮捕されにくい。こうした視点から、イギリス各地にある安全体験施設では、だましのシミュレーションを用いた防犯教育が行われている（写真6）。

写真6　倉庫を改造して安全体験学習用に作った街のセット（イギリス）

前述したように、最後までだまし通せると信じ切っている犯罪者に対しては、監視カメラの抑止力はない。ということは、標的をだませないと思っている犯罪者に対しては、監視カメラの抑止力はあることになる。

では、だませない標的とは、どんな標的だろうか。

それは物である。人はだませるが、物はだませない。要するに、監視カメラの抑止力を期待できるのは、対人犯罪ではなく、対物犯罪なのである。

監視カメラの防犯効果に関するこれまでの研究結果を収集・評価したノースイースタン大学のブランドン・ウェルシュ教授とケンブリッジ大学のデイビッド・ファリントン教授も、監視カメラが大きな効果を発揮するのは車両犯罪に対してだけ、と結論づけている。

もっとも対人犯罪であっても、そこに「だまし」が入らない場合（例えば暴力行為）には抑止力が発揮されるかもしれない。しかしその場合でも、飲酒や覚醒剤によって犯人が犯行の発覚そのものを意識できなければ、監視カメラの抑止力は期待できない。

また、相手の同意や恐怖を利用して、対人犯罪をカムフラージュする場合（例えば麻薬取引）にも、監視カメラは役に立たない。この場合は、標的をだますのではなく、周囲にいる人や監視カメラでモニターしている人をだますことによって犯罪を発見しにくくしている。やはり監視カメラは「だまし」に弱いということだ。

このように犯罪には、監視カメラが役立つ犯罪と役立たない犯罪があり、監視カメラは決して万能ではない。

確かに、監視カメラが役立たない犯罪についても、捜査の段階では録画映像は威力を発揮する。しかし、そこを強調することは予防軽視につながる。監視カメラの助けを借りて犯人を検挙できても、被害は元には戻らない。

なお、監視カメラが役立つ犯罪についても、カメラの存在に犯罪者が気づかなければ、その抑止力は発揮されない。したがって、大きくはっきりとした標識を設置する必要がある。隠しカメラなど論外だ。

さらに、監視カメラの存在をしっかりアピールしても、設置場所やカメラアングルが犯罪者に嫌がられるようになっていなければ、その抑止力は減殺されてしまう。取り付けやすい場所ではなく、犯罪の機会を最も減らせる場所に設置することが必要だ。その目安は、犯罪者のアプローチ動線をカバー（コントロール）できるかどうかである。

公共の場にプライバシーはあるのか

さて、賛成派をめぐる議論はこのくらいにして、次は反対派の監視社会論を考えてみよう。

反対派が主張するように、公共の場に監視カメラを設置すれば、それだけで個人のプライバシーが侵害されることになるのだろうか。

そもそも、プライバシーとは他人に知られたくない私的な事柄であり、それが無断で公開されるとプライバシーの侵害になると考えるのが通例だ。とすれば、公共の場におけるプライバシー保護という問題設定自体が矛盾をはらむことになる。

公共の場は、文字通り公開された空間であり、私的な場ではないからだ。言い換えれば、私的な事柄が公開されているからこそ、そこは公共の場と呼ばれることになる。ただし、そこで公開されているのは容姿や服装などの外見であり、ポケットの中身や手帳の記載内容などは公開されていない。つまりその範囲内で、公共の場の利用者は、私的な事柄（情報）の公開を容認しているのである。

したがって公共の場では、「Aさんが私を見ることは許すが、Bさんが私を見ることとは禁じる」などと要求することはできない。とすれば監視カメラにも、AさんやBさんと同じように、その場に居合わせた人の外見を見ることは許されるのではなかろうか。

むしろ問題はその先だ。

監視カメラがリアルタイムで公共の場をモニターするのは、その場に居合わせたAさんやBさんが注視するのと同じことである。また、監視カメラがその場の様子を録画するのは、AさんやBさんが記憶するのと同じことである。

しかし、監視カメラの録画映像が公開されれば状況は一変する。公共の場の利用者は、その場に居合わせなかったCさんやDさんに自分の姿が見られることまでは容認していないからだ。それは私生活（個人情報）の無断公開であり、したがってプライバシーの侵害に当たる。

このように、プライバシーの問題が浮上してくるのは映像管理の段階であり、設置の段階ではない。にもかかわらず、日本では設置の可否に議論が集中し、映像管理の議論はなおざりにされてきた。

対照的に、西洋諸国では設置よりも映像管理に神経をとがらせている。

例えば、世界一の監視カメラ網を構築したイギリスでは、データ保護法（Data Protection Act 1998）に基づき、官民への法的拘束力がある監視カメラ服務規程（CCTV Code of Practice）が制定されている。

この規程によると、監視カメラの録画映像は、閲覧権限を持った者しか見ることができない。また、開示が認められるのは捜査機関に対してだけであり、テレビの娯楽番組で流したり、インターネット上にアップロードしたりすることは認められない。

さらに、撮影された人から開示請求があった場合には、約一五〇〇円以下の手数料で四〇日以内に映像の複製を提供しなければならず、その提供が第三者のプライバシーを侵害したり不当に損害を与えたりする場合には、提供前に第三者の映像を覆い隠したりぼかしたりして編集しなければならない。

時計の針は戻せない。テクノロジーは捨てられない。好むと好まざるとにかかわらず、監視カメラというハイテクの目は増殖していくだろう。とすれば、監視カメラのマイナス面を理由に全否定するのではなく、マイナス面のケアに心血を注ぐべきではないだろうか。

監視カメラに見守られながらも、監視カメラを見張る——そんな絶妙なバランスこそが、安全と自由の両立、ひいてはテクノロジーと人間の共存をもたらすに違いない。

7 「いつも気をつけて」は無理な注文

ひったくりが好きなバッグの持ち方

手っ取り早く現金を手に入れられる犯罪と言えば、ひったくりである。空き巣なら技術や経験が必要だし、強盗なら反撃されるリスクがある。それに比べれば、バイクや自転車で追い抜きざまに持ち物を奪うひったくりは、敷居が低い。

そのためか、ひったくりは常習犯が多い。中には、捕まるまでに一〇年間で一〇二五件のひったくりを犯したすご腕もいた（朝日新聞二〇〇八年九月三〇日付）。

では、ひったくりの被害を防ぐには、どうすればいいのか。

警察は、街を歩くときにはバッグを車道と反対側に持つよう指導している。これは正しい。確かに、バッグを建物側に持っていれば、それをひったくって逃げるのは容易ではない。

だが残念ながら、この指導に従うことは難しい。正しいが、実行するのは困難なのだ。「いやいや、バッグを建物側に持つことぐらいは朝飯前だ」と思われるかもしれない。しかし問題は、そうした動作ができるかどうかではなく、今がその時だということに気づけるかどうかである。

四六時中ひったくりのことが頭から離れないなら話は別だが、そうでなければバッグは癖になっているやり方で持っているはずだ。いつもの癖で右肩にバッグをかけて歩いていたところ、たまたま右側が車道になった——その瞬間にひったくられる可能性が生じるのである。

このような知識と行動のミスマッチは日常茶飯事である。そうした場合、つまり知っていたのにやらなかった場合、不注意として片付けられるのが通例である。

しかし元々、人は絶えず注意することはできない。人間はロボットと異なり、「注意モード」と「不注意モード」を行ったり来たりしている。したがって、不注意な状態があって当たり前であり、事件や事故を不注意として片付けても何にもならないのである。

松蔭大学の大橋信夫教授も、「不注意は原因ではなく、また注意力のみに頼って安全を期待することには無理があるという考え方は、安全問題を真摯《しんし》に考える識者の間ではいわば常識となったが、世間の常識にはなかなかならなかった。今もなお常識にはなっていない」と述べている。

注意モードをオンにする

そこで重要になってくるのが、どうすれば不注意モードから注意モードへスイッチを切り替えられるか、である。言い換えれば、注意すべきときに注意するにはどうすればいいのか、ということである。

思うに、注意モードをオンにする確実な方法は、外部からキュー（開始の合図）を出すことである。例えば学校では、子どもたちがざわつくと（不注意モード）、先生が手をたたいたり笛を吹いたりして子どもの注意を引きつける（注意モード）。これも一種のキューだ。

ところが、街を歩いているときには、だれもそんなことはしてくれない。だがそこには、合図を常時送っているものがある——景色である。景色はビジュアルな、つまり見れば分かるキューなのである。

街を歩いているときでも、普通はバッグの持ち方など気にする必要はない。というか、気にしているはずがない。しかしバス通りの角を曲がったら、両側に高い塀が続く道（＝家の窓から歩道が見えにくい場所）だった――ということに気づけたなら、その瞬間に注意モードはオンになる。

その段階で、もしバッグを車道側に持っていたら建物側に持ち替えればいいだけのことだ。それだけで、ひったくりの被害を防げる。

このように、注意のオン・オフは景色解読力があれば切り替えることができる。安全な景色（＝入りにくく見えやすい場所）の下では不注意モードになっていても構わないが、危険な景色（＝入りやすく見えにくい場所）の下では注意モードになる必要がある。そうしたモードチェンジが、景色を読み解くことで可能になるのだ。

にもかかわらず、日本では景色解読力を高める教育や訓練がほとんど行われていない。「不審者に注意しましょう」が防犯の基本とされているからだ。しかし、「どうやって不審者を見分けるのか」と問うと、だれも答えられない。これでは、注意のオン・オフの切り替えなどできるはずがない。

海外に「不審者」はいない

不審者という言葉が幅を利かせているのは、世界中で日本だけである。諸外国では「不審物」は使っても「不審者」は使わない。外見から識別できなければ、使う意味がないからだ。

どう考えても、この点に関する日本の常識は、世界の非常識と言わざるを得ない。せめて学校現場だけでも、不審者という言葉を使わないようにすることはできないものだろうか。子どもたちは、道徳教育では「人は見かけで判断するな」と教えられているのに、安全教育では「人は見かけで信用するな（＝判断しろ）」と戒められている。この矛盾を、学校現場ではどう説明しているのだろうか。

不審者という言葉が、日本で多用されるのには理由がある。それは、犯人を捕まえ、犯行に至った原因を探り出し、それを取り除こうとする犯罪原因論の影響が絶大であり、被害に遭いにくい場所を作ろうとする犯罪機会論が普及していないからだ。

マスコミも「なぜあの人が……」は繰り返すが、「なぜあの場所で……」は取り上げない。そのため、一般の人が防犯を考えるときも、必然的に人間（不審者）に関心が向いてしまう。しかし、それは望ましいことではない。

不審者をめぐる迷走は、犯罪対策において「攻め」を重視するか、それとも「守り」

が重要かという価値判断に連なる。犯罪者と積極的に向き合う犯罪原因論は「攻め」の犯罪学であり、一方、犯罪者に出会わないようにする犯罪機会論は「守り」の犯罪学である。

人の性格や境遇は千差万別だ。それに伴って、犯罪の動機や原因も千種万様である。原因除去のための治療法や支援策が犯罪者のニーズにぴったり合えばいいが、ミスマッチの可能性は高い。つまり、犯罪原因論の成否は相手次第である。

これに対して、犯罪の機会は環境を整備すればするほど減っていく。言い換えれば、自分の努力に比例して確実に犯罪を起こりにくくできる。つまり、犯罪機会論の成否は自分次第である。

同じ努力をするなら、その成果が出る確率の高い「守り」に傾注すべきではないだろうか。それは、勝つことよりも負けないことにプライオリティを置くスタンスと言ってもいい。そういえば、「孫子の兵法」も、「攻め」よりも「守り」を重視している。

侵入されにくい学校とは

日本の学校にも、勝つこと（＝犯罪原因論）よりも負けないこと（＝犯罪機会論）にプライオリティを置いた取り組みがある。神奈川県藤沢市で行っている来校者誘導用のライン引きがそれだ。

藤沢市の小中学校では、校門から校舎玄関（受付）まで地面にオレンジ色のライン（誘導線）が引かれている（写真7）。病院の廊下にあるカラフルなナビラインに似ている。

写真7　正門から玄関までのルート表示（藤沢市立鵠沼小学校）

この取り組みの犯罪機会論的な意味はこうだ。

多くの学校では、不審者（＝侵入者）への対策として、「校長の許可なく立ち入り禁止」とか「ご用のある方は受付にお寄りください」といった掲示を校門に出している。しかし、こうした掲示を読んでも、犯罪者は侵入をあきらめたりはしない。

侵入するかどうかの判断基準は、見つかったときに言い訳ができるかどうかだ。前記の掲示なら、子どもに近づいているとき教職員に見つかっても、「受付に行こうと思ったのですが、道に迷ってしまいました」と言い訳ができてしまう。もちろん、とがめを受けることもない。

だが藤沢市の学校では、そうはいかない。

受付までのラインを歩いていれば、道に迷うことは絶対にない。だから普通、来校者はラインの上を歩く。したがって、ラインから外れただけで、それを「不審な行動」と見なすことができる。もはや「道に迷ってしまいました」などと言い訳はできない。しかも、ラインを歩いているかどうかは子どもでも分かる。

要するに、言い訳しにくい（すぐにバレそうだ）と犯罪者に思わせる学校は、心理的に「入りにくい場所」なのである。

非科学的な学校風土と体罰

この藤沢市の事例はまれなケースであり、学校現場での犯罪機会論的な取り組みは遅々として進んでいない。科学を教える現場でありながら、非科学的な取り組みばかりが目立つと感じてしまうのは私だけだろうか。

例えば、「さすまた」を使った不審者対応訓練では、サングラスとマスクを身に着けた不審者役がしばしば登場する。しかし、そうした姿の犯人が学校に侵入したことはこれまでない。

また小学生への防犯教育では、「いかのおすし」という折句（標語）を使った指導がしきりに行われている。そのため、ほとんどの子どもがこのフレーズを知っている。ところが、その意味（＝知らない人についていかない、他人の車にのらない、おおごえを出す、すぐ逃げる、何かあったらすぐしらせる）を聞くと、ほとんどの子どもが答えられない。

さらに通学路での安全対策では、「『子ども一一〇番の家』の看板が掲げられた家は、危ないと思ったときに逃げ込める家」と子どもたちによく教えている。だがそうなら、看板が掲げられていない家には逃げ込めないのだろうか。そこまで深読みしないとは思うが、それでも、子どもたちに「子ども一一〇番の家」マップを作らせたり、その場所を記憶させたりしているのを見ると心配になる。

確かに「子ども一一〇番の家」は、地域の子どもたちを見守ろう、助けようという気持ちを表しているので、地域力のアピールになり防犯に有効である。そのことは、子どもたちにもしっかり伝える必要がある。しかし同時に、「危ないと思ったときには最も近くにある家に逃げ込もう」と教えるべきではないだろうか。

――学校現場における非科学的な発想は、時に安直な精神論（根性論）を容認する土壌になる。そしてそうした学校風土から、妄想と善意によって正当化された体罰が生まれてくる。何をするにしても、「実践なき理論は無力であり、理論なき実践は暴力である」ことを肝に銘じておかなければならない。

8 「人通りの多い道は安全」ではない

犯罪者はどこへ狩りに行く

弱肉強食の法則が支配するアフリカの大草原サバンナ。そこでは日々、肉食動物（ライオン、チーター、ヒョウ、ハイエナなど）による草食動物（シマウマ、インパラ、ヌー、イボイノシシなど）の狩りが行われている。

犯罪も「おやじ狩り」「おたく狩り」「高校生狩り」といった具合に、よく狩りに例えられる。犯罪者がハンターで、被害者が獲物というわけだ。

このメタファー（例え）は意味深長である。

肉食動物は水場へ狩りに行く。草食動物が水を飲みに集まってくるからだ。ネコ科で唯一、ライオンだけが群れで生活するのも、獲物が豊富な場所（＝河川合流点）を縄張りとして守るためだという。

では、犯罪者たちハンターは、どこへ狩りに行くのだろうか。

犯罪者にとって、獲物のいそうな場所は「人が集まる場所」「人通りの多い道」である。草食動物がいそうな水場が、肉食動物にとって格好の狩り場になるように、人がいそうな場所が、犯罪者にとって格好の狩り場になるわけだ。

実際、四人の子どもを誘拐・殺害した宮崎勤も、学校周辺や団地、つまり人がたくさんいる場所に出没していた。そこには獲物（=子ども）がいると考えていたのだろう。

ということは、最も安全な場所は「人通りのない場所」ということになる。これは常識とは正反対の見方だ。そのため、なかなか受け入れてもらえない。私が小学校で授業をするときにも、子どもたちから「そんなバカな！」と叫ばれる。

「じゃあ聞くけど、南極はどうですか。砂漠はどうですか」

——そんな場所には犯罪者は現れない。南極も砂漠も人通りがないからこそ、犯罪者にとっては何の意味もない場所なのである。

犯罪者が現れるのは人がいそうな場所である。そういえば、釣り人も魚がいそうな場所を探すそうだ。たとえ人通りのない道が事件現場になった場合でも、そのほとんどが、人通りのある道で犯罪が始まったケースである。つまり犯人は、人通りのない道で待ち伏せしていたのではなく、人通りのある道から尾行していたのである。

もっとも、防犯キーワードである「見えにくい」という基準に照らせば、人が歩いている方が（犯行が）見えやすいので、「人通りの多い道は安全」と思われるかもしれない。

人通りはいつか途切れる

このように、人通りのない場所よりも、人通りのある場所の方が危険である。

しかし、人通りが多いというだけでは「見えやすさ」は保証されない。人通りが途切れれば、物理的に「見えにくい場所」になるかもしれず、逆に人通りが激しくなれば、心理的に「見えにくい場所」になるからだ。

そのタイミングを犯罪者は狙っている。チャンスが訪れるまでは、善良な市民として振る舞う。人通りのある場所だけに、そこにいても周囲が違和感を覚えることはない。アプローチのタイミングを計る犯罪者は、まるで草食動物の群れを見ながらターゲットを絞り込む肉食動物のようだ。

日本で「人通りの多い道」と言われている道のほとんどでは、人通りが途切れるタイミングは必ずやってくる。そうなれば、犯行が通行人に目撃される心配もなくなる。そのときに、犯罪者のターゲットしか歩いていなかったら、「狩り」が始まるかもしれない。

こうした点を踏まえて、地域安全マップづくりでは「人通り」という言葉は使わない。フィールドワークの最中に通行人を見かけても、それは偶然であって、その人が常にそこを歩いているわけではない。偶然の出来事に安全性が左右されるほど危険なことはない。やはり、いつそこに行っても同じもの、つまり景色によって安全か危険かを判断する必要がある。

例えば、仮に人通りが途切れても、両側に住宅の窓がたくさん見える道は、相変わらず物理的に「見えやすい場所」なので、犯罪者は家からの視線を想定し、犯行を始めにくい。

同様に、人通りのある道から尾行していた犯罪者が人通りのない道に来ても、そこにたくさんの窓が面していれば、視線を予想して犯行（＝接触）をためらい、「見えにくい場所」に出るまで尾行を続けるに違いない。

「うちの子」を見ているのは親だけ

また、前述したように、人通りの激しい道は心理的に「見えにくい場所」である。人が多い場所では、そこにいる人の注意や関心が分散し、視線のピントがぼけてしまう。そのため、犯罪者の行動が見過ごされやすくなる。人が大勢いても、それが特定多数であれば見過ごす可能性は低いが、不特定多数なら見過ごす可能性は高いと言わざるを得ない。

こうした場所は、事件現場の中にもたくさんある。

例えば、兵庫県西宮市で女児が女性看護師に連れ去られ重傷を負った事件（二〇〇六年）では、多くの人が行き交う駅前広場が誘拐現場となった。また、長崎市で男児が男子中学生に連れ去られ殺害された事件（二〇〇三年）では、買い物客でにぎわう家電量販店が誘拐現場となった。

とかくこういう場所では、親は「だれかがうちの子を見てくれている」と思いがちになる。しかし実際のところは、そういう場所ではだれも「うちの子」なんか見てはいない。「うちの子」にスポットライトを当てるのは親だけである。長崎の事件でも、「当時、店内は会社帰りのサラリーマンや中高生でにぎわっていたというが、有力な目撃情報は寄せられていない」と報道されている（朝日新聞二〇〇三年七月八日付）。

このように、不特定多数の人が集まる場所では犯行に気づきにくい。そこが犯罪者の狙い目である。それればかりではない。仮に犯行がバレたとしても、不特定多数の人が集まる場所では、犯行が制止されたり、通報されたりする可能性も低い。

人が多い場所では、犯行に気づいても、「たくさんの人が見ているから、自分でなくてもだれかが行動を起こすはず」と思って、制止や通報を控える傾向がある。その場に居合わせた人全員がそう思うので、結局だれも行動を起こさないことになる。その様子を見てだれかが行動を起こすかと言えば、そうはならない。今度は、「だれも行動を起こさないところを見ると、深刻な事態ではない」と判断してしまうのだ。

このような心理は、傍観者効果（bystander effect）と呼ばれている。プリンストン大学のジョン・ダーリー教授と人間科学センターのビブ・ラタネ所長が、実験によってその存在を証明した。

二人は、仕事帰りの女性が自宅アパート前で暴漢に刺殺された米ニューヨークのキティ・ジェノヴェーゼ事件（一九六四年）に触発され、研究に取り組んだ。この事件では、三八人の目撃者がだれ一人として警察に通報せず、見て見ぬふりしたと報道され、その冷淡さが非難されていた。

しかし、ダーリー教授とラタネ所長の結論は違った――多くの人が被害者を助けなかったのは、その人たちの性格が冷淡だからではなく、その人たちが他人の存在を意識したからである。

例えば、あなたが一人で電車に乗っているとしよう。そこに見知らぬ男が乗り込んできた。と思いきや、バタッと床に倒れた。この場合、あなたは必ず助けるだろう。だが乗客が三〇人いたらどうだろう。その場合には、一人ひとりの責任は三〇分の一に減る(つまり、自分でなくてもだれかが助けるだろうとだれもが判断する)というのが社会心理学の主張である。

熊本市のスーパーマーケットのトイレで女児が殺害された事件(二〇一一年)では、犯人の男子大学生が店内で四時間も女児を物色していた。買い物客や従業員に異様な感じを与えそうだが、ここでも傍観者効果が生まれてしまったのだろうか。

いずれにしても不特定多数の人が集まる場所は、周りの人の積極的な関与を犯罪者が恐れる必要のない、心理的に「見えにくい場所」なのである。

動物のリスクマネジメントに学ぶ

では、普通の人が犯罪者に狩られないようにするには、どうすればいいのか。その答えは草食動物が教えてくれる。

草食動物は決して肉食動物のなすがままにはならない。サバンナは適者生存の法則が支配する世界でもあり、強者が必ずしも適者であるとは限らないのだ。その意味で、犯罪弱者である普通の人々が草食動物の防御行動から学ぶべきことは多い。

南アフリカのリスクマネジメント専門家ガート・クレイワーゲンは、その著書『ジャングルのリスクマネジメント—アフリカの草原から学ぶ教訓』の中で、すべての草食動物のサバイバル術に共通する要素として「早期警戒」を挙げている。早期警戒が、近づいてくる肉食動物の早期発見につながるからだ。

早期警戒する動物として、最も有名なのはミーアキャットだろう。ロンドン警視庁が、ネイバーフッド・ウォッチ（近隣警戒活動）のロゴマークのモチーフに採用しているほどだ。

ミーアキャットは体長三〇センチほどのマングースの仲間である。その天敵は、ワシ、ヘビ、ジャッカルだ。そのため、上空からの襲撃と、地上での攻撃の双方を警戒しなければならない。そこでミーアキャットは、四足歩行でせわしく動き回りながらもしきりに止まり、後ろ足だけで立ち、背伸びして周りを見渡す。

群れには見張り役もいる。その任務は大人のミーアキャットが交代で果たす。さながらシフト制の警備員のようだ。見張り役は、なるべく高い場所を選んで任務に就く。警戒任務の遂行中、担当のミーアキャットは鳴き続ける。ほかの仲間が安心して食糧探しに専念できるよう、安全であることを知らせているのだ。

ひとたび外敵が現れると、ほえて危険を知らせる。その声は、地上の敵の場合は短く、空中の敵の場合は長く発せられる。警報が出されると、群れは直ちに最寄りの巣穴に逃げ込む。

——翻《ひるがえ》って人間社会を見ると、早期警戒を防犯戦略の中心に据えているのか心もとない。人間にしか通用しない常識は、やはりサバイバルに適しているとは言えないだろう。厳しい環境にありながらも、けなげに生きる動物たちの姿は、安全を軽んじる人間社会への痛切なメッセージに思えてならない。

9　日本の公園とトイレは犯罪者好み

城壁都市が生まれなかった国

犯罪機会論が真骨頂を発揮するのは、領域性（入りにくさ）と監視性（見えやすさ）を高めるときである。これは集団的防犯のアプローチ（＝ゾーン・ディフェンス）であり、それによって、無理なく、無駄なく、むらなく犯罪機会を減らすことができる。まさに、持続可能性（サステナビリティ）に優れた取り組みだ。

しかし日本では、防犯の取り組みが防犯ブザーや護身術など抵抗性（一人ひとりの強さ）に偏っている。これは個別的防犯のアプローチ（＝マンツーマン・ディフェンス）であり、したがって格差やばらつきが生じやすい。

なぜ日本では領域性と監視性のメニューが乏しいのか。それは日本人の発想が貧しいからなのか――。おそらくそうではなく、その原因は、日本の地理的・歴史的な特殊事情にあると考えられる。

ヨーロッパや中国に行くと、街の境界を一周する城壁が今も高くそびえているのに驚かされる。かつて民族紛争が絶えず、地図が次々に塗り替えられていた陸続きの国々では、異民族による侵略（＝強盗殺人）を防ぐためには街全体を壁で囲むしかなかった。こうして城壁都市が多数出現することになった。領域性と監視性を兼ね備えた街の誕生である。

しかし、日本では城壁都市は出現しなかった。その必要性がなかったからだ。四方の海が城壁の役割を演じ、しかも台風が侵入を一層困難にしたため、日本本土は建国以来一度も異民族に侵略されたことがない。そのため日本では、城下町はつくられても、大陸諸国にあるような城中町がつくられることはなかった。

この経験値の低さこそ、領域性と監視性をめぐるアイデア不足の正体である。要するに、城壁都市こそが、犯罪機会論のプロトタイプ（基本型）なのである。

諸外国の入りにくく見えやすい公園やトイレも、城壁都市のバリエーション（変型）の一つだと考えられる。つまり城壁都市のアイデアが、まるでＤＮＡのように連綿と引き継がれ、「安全な場所は入りにくく見えやすい場所」という常識が作り上げられたのである。

その城壁都市のミニチュア版のような集合住宅がオーストリアのウィーンにある。ジョージ・ワシントンという名の低所得者向け市営住宅がそれだ（写真8）。

このマンションの入り口にはゲートバーが設置され、手動で開閉しなければ出入りできない。また、各住戸にも中庭側からしかアクセスできない。つまり、マンション全体も各住居も「入りにくい場所」になっている。

中庭の公園は、いったいどのくらいの数の窓から見えるだろうか。ここは、周囲三六〇度から視線が届く「見えやすい場所」である。さらに「入りにくい場所」にするため、①公園の通り抜けをしないよう、歩行者を誘導する舗装路を左右に設け、②近づいてくる大人に子どもが気づく時間（気づけば警戒し、警戒すればだまされない）を確保するバッファーゾーン（緩衝地帯）として、遊具と歩道の間に芝生を植えている。

公園を悪用させるな

城壁都市のレイアウトデザインを、さらに縮小したのが海外の公園である。

そこではまず、城壁で取り囲む代わりにフェンスを設置している。これが物理的に

「入りにくい公園」の基本的な姿である。フェンスは守りの基本形——フェンシングやディフェンスともつながる言葉だ。

多くの人が行き交う駅前広場が誘拐現場となった西宮女児重傷事件（二〇〇六年）でも、遊具のある遊び場にフェンスが設置されてさえいれば、この事件は起きていなかったかもしれない。

写真８　ウィーンの低所得者向け市営集合住宅（オーストリア）

広々とした公園でも、遊具は一カ所に集め、そこをフェンスで囲っている。つまり、公園内を子ども用のスペースと大人用のスペースに区分し、互いに入りにくい状況を作っているわけだ。こうした手法は、ゾーニング（区割り）と呼ばれている。

ところが日本の公園には、利用者層別ゾーニングという発想がほとんどない。すべてのスペースがあらゆる人に開放され、遊具も集中することなく点在している。そのため、大人と子どもが入り交じって公園を利用している。

こういう公園は心理的に「入りやすい公園」である。そこでは、子どもの目の前に大人がいても、周囲が違和感を覚えることはない。子どもが大人と話していても、不自然に感じる第三者はいない。そこに犯罪者のつけいるスキがある。

「ここならだれにも気づかれずに、じっくりと子どもをだますことができる」

と、誘拐を企てている人間は思うに違いない。

逆にしっかりとしたゾーニングは、心理的に「入りにくい公園」を造り、子どもの誘拐を防ぐ。子ども専用のスペースに近づくだけで、「不審な行動」と子どもも周りの大人も見なすので、子どもをだまして連れ去ることは難しい。

ゾーニングの方法としては、フェンスのような物理的な仕切りを設けるやり方と、舗装路や芝生を境界代わりにしたり、地面を色分けしたりする心理的なやり方がある。こうした努力によって、海外の公園は「入りにくい場所」になっている。

加えて、そこは「見えやすい場所」でもある。まず、フェンスに囲まれた子どもの遊び場だけは緑を最小限にして、子どもへの視線の確保を優先させている。青少年向けの運動場を児童ゾーンに隣接させて、児童への視線を増やしている公園や、ストレッチマシンを置いて、児童を守ってくれる大人を誘い込んでいる公園もある。

ベンチの向きは、要人警護官の立ち位置と同様に、犯罪を企てている人間に気づけるよう、遊具を背にしている（写真9）。子どもを守りたければ、子どもを見るのではなく、子どもを見ている人を見なければならない、というわけだ。

しかし、日本の公園のベンチは子どもの方を向いているので、犯罪者に利用されやすい。実際、四人の子どもを誘拐・殺害した宮崎勤も、団地の公園で、ベンチに腰かけて女児を物色していた。ベンチが滑り台やブランコのそばにあれば、盗撮も簡単にできる。

写真9　警護官のような公園のベンチ（ニュージーランド）

　このように海外では、公園を悪用する人は必ずいるということを前提として、そこかしこに犯罪機会を減らす工夫がちりばめられている。

　もっとも日本にも、良い取り組みがないわけではない。

　例えば、地域住民が公園内に花壇を作り管理しているところがあるが、これは防犯にもプラスの影響を及ぼす。花壇で咲き誇る花々は、「この地域には、見守り合い、助け合う住民が多い」というメッセージになるとともに、花好きの人を公園に誘導する。それらが相まって、「見えやすい場所」を作り出すのである。

「だれでもトイレ」に潜む危険

海外の公園に見られるようなゾーニングは、海外の公共トイレにも見ることができる。例えば、韓国の天安駅のトイレでは、男子用、女子用、男性身体障害者用、女性身体障害者用、と四つのゾーンを設けている。しかも、被害に遭いやすい女性のトイレは、男性がスッと入り込むのを防ぐため、奥まったところ（＝入りにくい場所）に配置されている。

このような完全分離のパターンのほかに、男子用トイレの中に男性身体障害者用、女子用トイレの中に女性身体障害者用を設置するパターンもある。いずれにしても、利用者層別にすみ分けされ、その結果、犯罪者が紛れ込みにくくなっている。そういう「入りにくいトイレ」は安全である。

しかしなぜか、日本の公共トイレは通常、多くても三つのゾーンにしか分かれていない。男女専用以外のゾーンには、「だれでもトイレ」などという名が付けられているが、その「だれでも」の中に犯罪者が含まれることを忘れてはいないだろうか。熊本市のスーパーマーケットで男子大学生が女児を窒息死させた事件（二〇一一年）でも、こうした男女共用の「だれでもトイレ」が殺害現場となった。

海外では、男子用トイレの入り口と女子用トイレの入り口が、かなり離れていることも珍しくない。建物の表側と裏側にあったり、通路を挟んで反対側にあったりする。男女の動線を分離することで、互いに入りにくい状況を作ろうというわけだ。

「トイレは犯罪の温床」とよく言われる。そうだとすれば、日本の「常識」に反することになろうとも、やはり海外のトイレのように、レイアウトを慎重にデザインし、犯罪者が「入りにくいトイレ」にすることが求められるのではなかろうか。

いじめが起こりにくいトイレ

さて、読者も見たことがあるかもしれないが、西洋諸国の公共トイレは、個室の扉の下に大きなすき間がある。そのため、犯罪者がその中に入り込めば、被害者だけでなく犯罪者の足元も見えてしまう。なるほど見えやすい構造だ。

一方、日本では和式トイレの伝統があるためか、洋式トイレでもすき間を設けるのは一般化していない。もちろん、身体障害者用のトイレや多目的トイレにも、すき間はない。この密室性を悪用して犯行に及んだのが、前出の熊本女児殺害事件である。

もっとも西洋諸国でも、身体障害者用のトイレについては、すき間がないのが普通のようだ。そこでオーストラリアでは、少しでも見えやすくしようと、ドアをかすかに人影が見える程度の半透明にしたトイレが登場している。

「見えにくいトイレ」では、いじめも起こりやすい。そのため、オランダのアムステルダムには、トイレと教室を隔てる壁に、トイレの個室前が見渡せる窓を設けた小学校がある（ゼーエルデンブールト小学校）。日本のいじめ対策がいじめの動機や発見（＝犯罪原因論）に関心を集中させているのとは対照的に、海外のいじめ対策は、いじめがやりやすい場所（＝犯罪機会論）に関心を向けているということだ。

こうしたところにも、日本の犯罪機会論の遅れを垣間見ることができる。

これまでに公園やトイレで起きた事件の中には、ちょっとしたデザインの工夫があったら防げたものがあるかもしれない。

――と、ついつい考えてしまうのは、私の身勝手な憶測だろうか。

Ⅱ　進化する犯罪科学

1　人はなぜ恐ろしい罪を犯すのか

犯罪科学の四要素

何事も、有効性を高め、有害性を低めるためには学問の助けが必要である。学問を無視すれば、「やっているつもり」「できているつもり」の自己満足になったり、気づかないまま他人に迷惑をかけたりしてしまう。

そこで本章では、犯罪科学という学問が、犯罪とどう戦ってきたか、そしてこれからどう戦おうとしているのかを概観したい。

そもそも、犯罪科学が対象とする「犯罪」とは、刑法（犯罪の定義）、加害者（犯罪の主体）、被害者（犯罪の客体）、そして犯行空間（犯罪の場所）という四つの要素から成り立つものである。

まず、どんなに非難されるべき行為であっても、法律によって禁止され、その違反に対して刑罰が科されるものでなければ犯罪とは呼ばれない（罪刑法定主義）。次に、犯行動機を持つ人間がいても、犯行のターゲットに接触しなければ犯罪にはならない。つまり、犯罪者、標的、そして両者が交わる舞台がそろって初めて犯罪は成立する。

犯罪科学の歴史は、一言で言えば、これら四つの要素をめぐる焦点の移動である。最初に刑法を対象とする学問（刑法学）が生まれ、その後、加害者、被害者、犯行空間の順に、それぞれを対象とする学問が誕生した。そこで以下では、この順序に沿って犯罪科学の歴史を紹介する。

悪魔のささやきか、自分の意志か

犯罪科学が産声を上げたのは近代のこと――。それ以前、つまり中世や近世の時代には、犯罪を学問するという考えはなかった。そこでは、犯罪は悪魔の仕業と考えられていた。魔女裁判がその典型である。「魔女」に仕立てられた者は、「悪魔との契約」で得た力を使って犯罪を行ったとして断罪された。

こうした説明の仕方は、もちろん今日では通用しないが、それでも時として顔をのぞかせることがある。例えば、広島市で下校途中の小学一年生の女児が連れ去られ殺害された事件（二〇〇五年）では、「悪魔の声」に抵抗できず犯行に及んだと弁護側が主張した。

市民革命と産業革命によって近代の幕が開くと、犯罪観も啓蒙思想の影響を受け大きく変容した。超自然的な説明ではなく、理性的な説明を求める啓蒙主義の下では、犯罪は個人の自由な選択の所産と見なされた。つまり犯罪者は、犯罪の代価よりも犯罪の報酬の方が高いと考えたから犯罪を選択した、というのである。

とすれば、犯罪を防止するには、刑罰による不利益を、犯罪からの利益よりも大きくすればいいことになる。もっとも不必要に重い刑罰は、犯罪者に刑罰を逃れるために犯罪を重ねることを選ばせるかもしれないので、罪刑均衡も必要になる。

こうした刑罰論の代表的論者としては、イタリアのチェザーレ・ベッカリーア、イギリスのジェレミー・ベンサム、ドイツのアンゼルム・フォイエルバッハの名前が挙げられる。いずれの立場も、法律によって、刑罰による苦痛が、犯罪からの快楽よりも大きいことを予告しておけば、人は理性的な判断に基づき犯罪を選択することはない、というものである。

自由意志を前提とするこの立場は、古代ギリシャ・ローマ時代の人間観と共通している。そのため、刑法を重視する立場は「古典学派」(Classical School) と呼ばれている。

生まれつきの犯罪者

一八世紀後半に登場した古典学派は、哲学などの人文科学が主役を務めていた当時の知的環境の下、一世紀にわたって犯罪科学をリードし、合理主義的な刑法の制定を実現させた。しかし、産業革命による工業化・都市化に伴い犯罪が激増したため、犯罪を減少させるはずだった刑法学への信頼は失望へと変わっていった。

さらに、そのころ発表されたチャールズ・ダーウィンの進化論が知的環境の主役を人文科学から自然科学に交代させたため、犯罪科学においても犯罪生物学が台頭した。その始祖と言われているのが、イタリアのチェザーレ・ロンブローゾである。

ロンブローゾは、死体を解剖して六六人の犯罪者の頭蓋骨の特徴を調べたり、八三二人の受刑者の人体・人相を測定して八六八人の兵士と比べたりした。その結果、犯罪者の特徴は身体的奇形にあると考え、「犯罪者とは、原始人や下等動物の凶暴性を自分に引き継いで先祖返りした生き物」と結論づけた。

世界初のプロファイラーであるロンブローゾが描いた犯罪者像は、その弟子エンリコ・フェリによって「生まれつきの犯罪者」と名づけられた。

生まれつきの犯罪者は、生物学的に犯罪を行う運命にあるという。つまり、犯罪は個人の力ではいかんともしがたいものによって引き起こされるというのだ。この点でロンブローゾは、犯罪は個人によって自由に選択されると主張した古典学派とは正反対に位置する。

犯罪観だけでなく、方法論においてもロンブローゾの立場は古典学派と対照的である。古典学派の思考様式が理念的・演繹《えんえき》的であるのに対し、ロンブローゾの研究手法は、自らを「事実の奴隷」と呼んでいたように経験的・帰納的である。そのため、こうした加害者（犯罪者）を重視する立場は「実証学派」(Positive School）と呼ばれている。

ロンブローゾは、時代の申し子としての注目度の高さから「近代犯罪学の父」と呼ばれている。だが、実証的な研究スタイルという点からすれば、「近代犯罪学の父」と称されるべきは、ロンブローゾの著作『犯罪人』が出版される半世紀ほど前に、県別犯罪分布図を発表したフランスのアンドレ＝ミシェル・ゲリーであろう。

ゲリーは、地域ごとの対人犯罪率と対物犯罪率を識字率と比較し、生態学的な関連性を考察した。この研究には、犯罪と教育の関係をマクロ的に分析したという点で、犯罪社会学の芽生えを見ることができる。

これと同時期に、ゲリーと関心を共有したのが「近代統計学の父」と呼ばれるベルギーのアドルフ・ケトレーである。

ケトレーは、古典学派が前提とする自由意志についても社会全体で平均すれば規則性が見られると主張し、「社会が犯罪を用意し、犯罪者はそれを実行する道具にすぎない」と述べた。この統計学的決定論は、前出のロンブローゾの生物学的決定論に強い影響を及ぼすことになる。

犯罪現象の社会的法則性に最初に気づいたのがゲリーなのか、それともケトレーなのかについては争いがある。いずれにしても、ゲリーとケトレーの犯罪社会学が一九世紀前半に登場したのは、一八二七年にフランスで初めて全国的な犯罪統計が公表され、データの利用が可能になったからである。

二人の統計学的・生態学的アプローチは、一世紀を経て後述するシカゴ学派に引き継がれていく。

限りないもの、それは欲望

前述したように、ロンブローゾ、ゲリー、ケトレーといった実証学派の面々は古典学派の人間観を放棄した。つまり、「人は自由な判断に基づいて犯罪を選択しないこともできる」という前提を否定したのである。だが、そう言い切るためには、なぜ「自由な判断」ができないのかを説明する必要がある。

そこで実証学派は、能力的に「自由な判断」ができない犯罪者と、性格的に「自由な判断」ができない犯罪者を想定した。ここに、おぼろげながらも犯罪心理学の一端が見て取れる。

このうち前者（知的障害）については、知能テストの発明者であるフランスのアルフレッド・ビネーの知能心理学（精神測定学）が犯罪心理学の発展を後押しした。また後者（精神障害）については、疾病分類を体系化したドイツのエミール・クレペリンの精神医学や、精神分析の創始者であるオーストリアのジークムント・フロイトの臨床心理学（力動心理学）が犯罪心理学の進展をもたらした。

くしくも、クレペリンとフロイトは同じ歳。年下のビネーとの差もわずか一歳。犯罪心理学はこの三人の活躍で勢いを増したが、これに負けじと犯罪社会学の興隆を促したのが、ビネーよりも一歳年下のフランスのエミール・デュルケムである。

デュルケムは、「実験心理学の父」と呼ばれるドイツのヴィルヘルム・ヴントの文化心理学の影響を受けて、犯罪の社会文化論を展開した。彼によると、犯罪の背後には人間の無限の欲望があるが、社会的連帯に基づく社会的規制によって、この欲望に限界が設けられているからこそ犯罪は防がれているという。

要するにデュルケムの犯罪社会学は、「犯罪に駆り立てる力（欲望）－犯罪から引き離す力（統制）＝犯罪」という公式を打ち出したものである。デュルケムはこの公式を使って、次のような興味深い主張をしている。

社会の進歩には欲望（プッシュ）が必要なので、それが統制（プル）を上回っていること、つまり犯罪が存在していることは異常ではない。しかし、急激な社会変動により混乱が生じると、一方では欲望があおられ、他方では統制が揺らぐため、犯罪が必要以上に増加してしまう。

この統制水準の低下（＝規範の喪失）による欲望の無規制状態（＝私利私欲の野放図状態）を、デュルケムは「アノミー」(anomie) と名づけた。アノミーは、語源的には否定の接頭語「ア」と「ノモス（規則）」を意味するギリシャ語に由来する。このアノミー概念は、二〇世紀のアメリカの犯罪科学に大きな影響を及ぼすことになる。

こうして一九世紀末には、犯罪者の身体的特徴を重視する犯罪生物学、犯罪者の精神的特徴を重視する犯罪心理学、そして犯罪者の文化的特徴を重視する犯罪社会学という実証学派の御三家が出そろった。世紀の転換期を象徴するかのように、犯罪科学の主役も理性万能主義の古典学派から因果的決定論の実証学派へと交代したのである。

2　こんな私にだれがした

犯罪は学習される

二〇世紀を迎えると、犯罪科学は大西洋を渡ってアメリカで開花した。その中心地がシカゴだ。二〇世紀初頭のシカゴは高度経済成長の真っただ中にあり、そのため、ヨーロッパからの移民の大量流入とアメリカ南部からの黒人の大量移住を経験していた。様々なエスニック・グループ（民族集団）を抱えながら膨張する都市シカゴ――。第一次世界大戦後には大量消費時代と禁酒法時代の幕が開き、シカゴは、高級住宅街、スラム街、暗黒街が混在する都市になった。

こうした大都市のダイナミズムや複雑さ、そしてそれが抱える前代未聞の社会問題に興味を持ったのが、設立間もないシカゴ大学の社会学者たちだった。後に「シカゴ学派」と総称されることになる彼らは、都市社会学や臨床社会学の創設者として、シカゴという都市を「社会的実験室」に見立て実践的・政策的な研究を展開した。

そのリーダーの一人ロバート・パークは、「都市は生き物」という視点から、地域や文化の問題を生態学的に分析する人間生態学を提唱した。同様の視点からアーネスト・バージェスも、都市が円環状に膨張していく過程を植物生態学的に説明する同心円地帯理論を提示した。

こうした生態学的アプローチを犯罪問題に適用したのが、クリフォード・ショウとヘンリー・マッケイである。彼らは非行少年の居住地の分布を調べ、最も非行者率の高い地帯がインナーシティ（都心近接部）であることを発見した。

この地域では新住民の流入が激しく、それに伴う旧住民との摩擦が常態化していたため、地域の統制力を確立することが困難であった。つまり「社会解体」(social disorganization) が慢性化していたのである。

これは、植物生態学で言うところの「外来植物の侵入による在来生態系の破壊」の人間生態学バージョンであり、まさにデュルケムの言うアノミーである。人口の流動性と異質性の高いインナーシティでは、アノミーによる犯罪が生じるのである。

ショウとマッケイは、インナーシティでは住民の入れ替えがあっても、つまり住民のエスニシティ（民族性）とは関係なく、最高の非行者率が続いていたことも発見した。そうなってしまうのは、この地域では「遊びとしての非行文化」が民族や時代を超えて伝達されているからだ、と彼らは考えた。

このマクロ的な文化伝承の構造を、ミクロ的な文化学習の過程から説明したのがエドウィン・サザランドである。

サザランドは、ジョージ・ミードの社会心理学（象徴的相互作用論）から強い影響を受け、個々人にとっての犯罪の意味は、親密な私的集団内での接触を通じて学習されると主張した。そのため、犯罪に価値を見いだすサブカルチャーのグループに加われば、犯罪を肯定するようになり、逆に順法精神に満ちたグループに加われば、犯罪を否定するようになるという。要するに「朱に交われば赤くなる」というわけだ。

実は、犯罪を学習の結果と見なす立場は、サザランドの見解（分化的接触理論）が打ち出される半世紀ほど前に、フランスのガブリエル・タルドによって表明されていた。だがタルドのいわゆる模倣説は、当時ライバルだったデュルケムによって、個人心理から社会現象は説明できないとして批判され、歴史の裏街道に押しやられていた。その社会心理学的アプローチを歴史の表街道に引き戻したのがサザランドだったのである。

下流層の犯罪率はなぜ高いか

このように二〇世紀前半、シカゴ大学は犯罪科学、特に犯罪社会学のメッカであった。そこでは、デュルケムの「犯罪駆動力－犯罪制御力＝犯罪」という公式の下、非行文化の伝承により維持された犯罪駆動力が、社会変動・社会解体によって弱体化された犯罪制御力を上回っていることが犯罪の原因とされた。

二〇世紀も後半に入ると、デュルケムの公式のうち、まず犯罪駆動力を重視する「緊張理論」（Strain Theory）が、次いで犯罪制御力を重視する「統制理論」（Control Theory）が犯罪科学の主導権を握った。

緊張理論の元祖はコロンビア大学のロバート・マートンである。そこで言う「緊張」とは、文化的目標と制度的手段とのミスマッチが引き起こす社会的ストレスのことであり、マートン版アノミーと呼べるものである。

マートンは犯罪駆動力の源泉を、富の蓄積（経済的成功）を美徳とするアメリカン・ドリームの中に見出した。つまり、犯罪を引き起こす欲望は文化的に作り出されるというのだ。人工的欲望を重視するマートンの立場は、自然的欲望を前提としたデュルケムと対照的である。

このように、緊張理論では「文化」を犯罪の張本人と見なしている。そのため、社会変動期に欲望があおられると考えたデュルケムの見解とは異なり、欲望は常時あおられていることになる。それが犯罪駆動力になるわけだが、問題は犯罪制御力である。

デュルケムは、犯罪制御力を社会的統制から生まれるものと考えた。しかし、この見解についてもマートンは、アメリカン・ドリームという背景を踏まえた見直しを行い、犯罪制御力はアメリカン・ドリームを実現するチャンスから生まれると主張した。つまり、富の蓄積という文化的目標を達成する合法的手段（教育や就労など）が提供されてさえいれば、犯罪を抑え込むことができるというわけだ。

だがマートンは、実際には合法的チャンスは平等に配分されていない、つまり上流層にチャンスが集中し、下流層にはわずかなチャンスしかないと論じた。

合法的チャンスに恵まれない人々は、それでも文化的目標を達成するように仕向けられれば、非合法的手段（＝犯罪）に頼るしかない。緊張理論は、こうした社会構造上の格差こそが犯罪の元凶だと主張する。こうしてマートンは、なぜ下流層の犯罪者率が高いのかを説明した。

合法的手段が与えられていない以上、下流層の人々にとってアメリカン・ドリームは悪夢にすぎない。こうした視点は、スラムで生まれ育ったマートンならではの着眼である。この緊張理論はやがて、ケネディ大統領とジョンソン大統領の貧困対策の理論的土台の一つになっていく。

性善説か性悪説か

前述したように、緊張理論は、人を犯罪に駆り立てる欲望は文化的に作り出されると考える。つまり、人間は本来道徳的な存在であり、犯罪は自然に動機づけられるものではないというのだ。これは性善説の立場である。

これと正反対、つまり性悪説の立場をとるのが統制理論である。そこでは、犯罪への衝動は人間に固有の性質であると考える。したがって、人はなぜ犯罪をするのかを説明する必要はなく、説明されるべきは、人はなぜ犯罪をしないのかということだとする。

統制理論の主唱者はアリゾナ大学のトラヴィス・ハーシである。ハーシは、デュルケムの「犯罪駆動力－犯罪制御力＝犯罪」という公式の中の犯罪制御力の源泉を、「社会的な絆」の中に見出した。

この社会的な絆には静的な要素と動的な要素がある。前者は、両親や仲間などへの愛着という愛情的なつながりの糸であり、後者は、学業や職業への投資という実利的なつながりの糸、および趣味や用事への没頭という時間的なつながりの糸である。

こうした糸で社会と結ばれていれば、「親を悲しませたくない（愛情的結びつき）」「今までの苦労を無駄にしたくない（実利的結びつき）」「犯罪を考える暇はない（時間的結びつき）」といった理由から、犯罪に走りにくいというわけだ。逆にこうした糸がなければ、「こんな人間に育てた親が悪い」「犯行が発覚しても失うものは何もない」「暇つぶしに犯罪でもするか」といった理由から、犯罪に走りやすくなる。

このハーシの統制理論は多くの支持を集めたが、その後ハーシ自身が理論の修正を行い、「克己心」（self-control）こそが犯罪制御力の源泉であると主張するようになった。ハーシによると、克己心とは「特定の行為により被《こうむ》るかもしれないすべての損失を考える傾向」のことだという。

ここにきて、統制理論は社会的なコントロールから個人的なコントロールへと焦点を移し、犯罪心理学的な色彩を強く帯びるようになったのである。

ロンブローゾからハーシまで、加害者（犯罪者）を重視する実証学派の研究を見てきた。その主張の核心は、人々は生物学的差異、心理学的差異、あるいは社会学的差異のために、犯罪者になる人とならない人に分かれるということだ。これは決定論的な発想（＝自分の人生は自分で決められない）である。そのため、この立場は「犯罪原因論」（Crime Causation Theory）とも呼ばれている。

犯罪原因論は、生物学的原因、心理学的原因、あるいは社会学的原因を取り除くことによって犯罪を防止できると考えた。だが現実には、犯罪の激増を食い止めることができなかった。そのため、二〇世紀最後の四半世紀には、効果と副作用の両面から犯罪原因論に厳しい批判が向けられた。

効果を疑問視する論調に大きな影響を与えたのが、ニューヨーク市立大学のロバート・マーティンソンが一九七四年に発表したショッキングな論文である。

マーティンソンはその中で、一九四五年から一九六七年までの四三五件の犯罪者更生プログラムに関する研究報告を分析した結果、「少数単独の例外はあるものの、これまでに報告されている更生の取り組みは、再犯に対して目に見える効果を上げていない」

と主張した。

　このような「何をやっても駄目」(nothing works) と考える立場は、要するに、犯罪の原因を特定することは困難であり、仮に特定できたとしてもその原因を取り除くことは一層困難である、ということをその根拠としている。

　このように、刑務所で行われるプログラムに再犯防止の効果が期待できないとなると、刑罰の存在意義自体が揺らぐことになる。その結果、「犯罪が行われないように罰する」という従来の見方（功利主義的刑罰観）から、「当然の報い」(just deserts) として「犯罪が行われたから罰する」という単純な見方（応報主義的刑罰観）へと、刑罰の位置づけが変わった。

　一方、副作用を指摘する批判は、「犯罪原因論は人権侵害につながる」というものである。

　例えば、心理学的原因が取り除かれるまで収容できる不定期刑の下では、軽犯罪しか行っていない者でも、当局の判断次第で刑務所に長期間入れておくことができる。再犯防止の役割を刑罰に期待する功利主義的刑罰観に立てば、当然そういうことは起こり得る。その結果、罪刑均衡と量刑の公平性を求める応報主義的刑罰観の方に支持が集まるようになった。

一九七五年のアカデミー賞主要五部門を独占した『カッコーの巣の上で』も、犯罪原因論の副作用を告発した映画である。そこで取り上げられたロボトミー（脳の前頭葉を切除する）手術は、今でこそ患者を廃人同然にする「悪魔の手術」として禁止されているが、かつては「奇跡の治療」として大流行し、その考案者であるリスボン大学のエガス・モニスはノーベル賞まで受賞している。

こうして、犯罪者が抱える「原因」に注目する犯罪原因論は求心力を失っていった。その結果、被害者を対象とする学問「被害者学」（Victimology）が台頭した。それは、「加害者から被害者へ」という一八〇度の方向転換であった。

さらに、犯行空間を対象とする学問「犯罪機会論」（Crime Opportunity Theory）が新興した。それは、「事後（刑罰）から事前（予防）へ」「人から場所へ」というパラダイムシフト（発想の転換）であった。

もっとも、犯罪原因論も影響力を完全に失ったわけではない。

その後の犯罪原因論は、それまでの決定論的な色彩を薄め（柔らかな決定論）、確率論的な「発達的犯罪予防論」（Developmental Crime Prevention）へと変容していく。

それは、「原因としての決定因子から傾向としての危険因子へ」という視座の移動である（これについては後述）。

かつて自由意志の存在を否定した実証学派が、ここにきて古典学派の自由意志論を取り入れるようになったのである。

3　スキを与えると人は魔がさす

被害者が犯人と面談

繰り返すが、犯罪は、刑法、加害者、被害者、犯行空間という四つの要素が同時に存在する場合に成立する。そして犯罪科学は、この順序に沿って発展してきた。つまり、刑法や加害者を対象とする学問が隆盛を極めていた時代には、被害者という視点は欠落していたのである。

もっとも犯罪科学が誕生する近代以前には、被害者による自力救済（報復や奪還）が許されていた。だが、近代の啓蒙主義の下では、個人的な報復は感情的な行為と見なされ、理性的な社会契約によって処罰権は国家に預けられることになった。刑法学の誕生である。その結果、被害者の被害は放置され、国家の被害回復、つまり国家の秩序維持のみが求められるようになった。

その後、犯罪心理学や犯罪社会学が登場することになるが、そこでの関心も加害者(具体的には犯人の動機と境遇)に向けられていた。そうした社会環境の下では、犯罪者の処罰をもって事件の処理は完了する、と思うのが普通である。

こうして、被害者は忘れられた存在になった。

ところが、前述したような犯罪原因論の地盤沈下が起こると風向きが変わった。学問と政策の関心が加害者から離れていくにつれ、その関心が被害者に向き始めたのだ。それに呼応して、被害者自身も復権を積極的にアピールするようになり、一般の人も被害者を支援する必要性を感じ始めた。

こうした動きの中で、被害者学はその地位を確立していく――。

そもそも被害者学は、二〇世紀中期にドイツのハンス・フォン・ヘンティッヒやイスラエルのベンジャミン・メンデルソーンによって提唱されたのが始まりと言われている。

もっとも初期の被害者学は、被害原因として、被害者の生物学的特性や心理学的特性を重視していたため(これは犯罪原因論と似た決定論的発想)、その後そうしたアプローチは、被害者バッシングにつながるとして非難を浴び、方向転換を余儀なくされる。

そこで被害者学が向かった先は、一方では被害原因をライフスタイルの中に求めるアプローチであり、他方では被害者の救済と地位向上を追求するアプローチであった。

このうち、前者のように、被害のプロセスを日常生活の中に見出そうとすれば、日常生活の送り方次第では、だれもが被害者になり得ることになる。言い換えれば、日常空間の使い方こそが被害の確率を左右するというわけだ。これはまさに、犯行空間を対象とする犯罪機会論の前提でもある。

他方、被害者支援を目指す後者の研究は、犯人から受けた被害だけでなく、二次的、三次的被害として、マスコミや警察官による不快な言動、さらにはＰＴＳＤ（心的外傷後ストレス障害）も取り上げるようになった。この立場も、犯罪がもたらす精神的苦痛の大きさを知れば知るほど、予防の重要性を強調する犯罪機会論に接近することになる。

さらに、犯罪原因論が当然の前提とした、国家と加害者を主役としたシステム自体に異議を唱える立場も現れた。システムの外に被害者が置かれていては、被害者の心の傷を癒やすこともできなければ、被害者の苦痛の大きさを犯人に気づかせ犯人を改心させることもできない、というのがその理由である。

そこで、被害者と加害者が直接に話し合う場を設け、裁判官ではなく、コミュニティが話し合いをまとめるシステムが提案されるようになった。それは、被害者、加害者、そしてコミュニティという三者間の人間関係の修復を目的とするため、「修復的司法」(restorative justice) と呼ばれている。これもまた、人と人とのつながりを重視する点で、犯罪機会論と共通の基盤に立つ。

こうして、直接的には犯罪原因論の後退によって、また間接的には被害者学の台頭によって、犯行空間を研究対象とする犯罪機会論が歩みを始めたのである。

高層住宅が危ない

「犯罪機会論」のアイデア、つまり防犯における機会消失の重要性を最初に主張したのは、アメリカの著述家・運動家ジェイン・ジェイコブズだと言われている。

ジェイコブズは、一九六一年に『アメリカ大都市の死と生』を著し、当時の都市開発の常識であった「住宅の高層化」に異議を唱えた。

高層住宅開発（都市の立体化）は、「近代建築の父」と呼ばれるフランスのル・コルビュジエが提唱した都市計画の手法である。そこでは、密集した住宅を高層化することで、緑豊かなオープンスペースを新たに作り出すことが目指されていた。だがジェイコブズは、そうした機械仕掛けの都市は犯罪を誘発する、と警鐘を鳴らしたのである。

彼女によると、都市の安全を守るのは街路であり、街路の安全を守るのは「街路への視線」(eyes on the street) だという。そして彼女は、①視線を注ぐべき公共の場所と視線を注ぐべきではない私的な場所とが明確に区別され、②路上が見える窓や道路沿いの店がたくさんあり、③近所付き合いによって住民の多くが見て見ぬふりをしないようになっていれば、街路への視線は十分に確保されると主張した。

この主張には、確かに犯罪機会論の二大要素である領域性（入りにくさ）と監視性（見えやすさ）が含まれている。犯罪の研究者でもないのに、ジェイコブズが犯罪発生のメカニズムにいち早く気づくとは驚きだ。いやむしろ、犯罪の専門家ではなかったからこそ、当時の常識（＝犯罪原因論）にとらわれることなく、街の景色が放つメッセージを素直に受け止めることができたのかもしれない。

ただ厳密に言うなら、やはり犯罪機会論の真のパイオニアは、先に紹介したフランスのアンドレ＝ミシェル・ゲリーとベルギーのアドルフ・ケトレーであろう。ジェイコブズより一〇〇年以上も前に、二人は犯罪機会の重要性に気づいていたのだから。

ゲリーとケトレーは、一八二〇年代後半から三〇年代前半にかけて、それぞれ別々に犯罪統計を分析し、窃盗の発生率は貧困地域よりも富裕地域の方が高いという、それまでの常識（貧困が犯罪原因）とは異なる事実を発見した。そしてその理由として、富裕地域における窃盗の機会の多さを挙げたのだ。

ここに犯罪機会論の萌芽《ほうが》を見ることができる。しかしその後、犯罪機会論はいったん犯罪科学の舞台から姿を消してしまう。なぜなのか。ゲリーとケトレーの生態学的アプローチは、シカゴ学派に引き継がれたはずではなかったのか。

確かに、シカゴ大学のクリフォード・ショウとヘンリー・マッケイは、生態学的アプローチを用いて犯罪と地域の関係を分析した。だが彼らは、ゲリーとケトレーが分析の対象にした犯罪の発生率を、犯罪者の居住率に置き換えてしまった。これでは、場所に注目する犯罪機会論というよりも、むしろ人に注目する犯罪原因論に近いアプローチになってしまう。

そのため、犯罪機会論という眠れる獅子が目を覚ますには、ジェイコブズの登場を待たなければならなかったのである。

4　デザインが犯行を押しとどめる

防犯環境設計の誕生

ジェイコブズが予見した通り、「住宅の高層化」の象徴であった米国ミズーリ州セントルイスのプルーイット・アイゴー団地（テロで崩壊したニューヨークの世界貿易センタービルと同じミノル・ヤマサキによる設計）もまた、犯罪の巣と化していった（一九七二年に爆破解体）。

その惨状を目撃していたのが、ワシントン大学（セントルイス）の講師であった建築家オスカー・ニューマンである。彼はニューヨーク大学に移った後、一九七二年に『防御可能な空間―防犯都市設計』を著す。

ニューマンはこの著書の中で、居住空間を防御可能にするためには、①縄張り意識、②自然監視性、③愛着、④商業施設や公共施設との近接性、という四点に配慮した物理的デザインが必要であると主張した。

彼によると、「縄張り意識」は、境界を画定したり、敷地を分割したりすることで高まるという。また「自然監視性」を高めるには、窓の配置や向きが特に重要であり、建物の外観を画一的でなく美しく仕上げれば「愛着」がわくという。

要するにニューマンの主張は、空間のレイアウト次第で空間をコントロールする自信と意欲が居住者の間に生まれる、ということだ。こうして、ジェイコブズが都市景観の中に見出した防犯の要素は、ニューマンによって防犯建築の手法へと具体化されたのである。

この「防御可能な空間」(Defensible Space) の理論からスピンオフしたのが、「防犯環境設計」(Crime Prevention Through Environmental Design) の理論である。

もっとも、防犯環境設計という言葉を作り出したのは、ニューマンが前述書を著す一年前、つまり一九七一年にこの言葉をそのまま書名に使ったフロリダ州立大学のレイ・ジェフリーだ。

ジェフリーは、行動分析学の創始者であるバラス・スキナーの行動主義心理学の影響を受け、犯罪は個人と環境との相互作用の産物だと主張した。しかし、その相互作用を媒介するのは脳であり、環境が行動に直接影響するわけではないとしたため、具体的な解決策を求めていた人々からは相手にされなかった。その結果、防犯環境設計の研究は、その命名者の理論から離れ、ニューマンの理論を基盤にして発展することになる。

一九九〇年代まで、防犯環境設計は物理的環境に焦点を合わせてきたが（第一世代）、二一世紀の幕開けとともに心理的環境も取り込むようになった（第二世代）。

もっとも、これまで理論の世界だけでなく、実践の世界でも多くの人（特に建築や都市計画の関係者）がかかわってきたため、防犯環境設計の概念は極めて多様であり、確立した定義はない。

ただ、その発展の最大の功労者と言われるルイビル大学のティモシー・クロウは、「アクセスコントロールと監視性が、物理的設計プログラムの主要なデザインコンセプトである」と述べている。やはり、領域性と監視性が防犯環境設計でも二本柱なのだ。

人を刺し殺せない包丁

アメリカで防犯環境設計が産声を上げたころ、イギリスでも犯罪機会論が芽を吹いた。その舞台となったのは、イギリス内務省の調査研究部門である。

当時の内務省では犯罪原因論が主流であったため、研究の焦点は再犯防止プログラムの開発に置かれていた。その一環として、少年院から逃走した少年の性格について、その特徴を明らかにしようとする調査研究が行われた。逃走それ自体が再犯と見なされるからだ。

しかし、この研究は失敗に終わる。逃走を予測できるような精神的特徴は、期待に反して発見されなかった。ところが、この研究は思わぬ副産物をもたらした。逃走率が少年院ごとに異なるのは、施設の物理的環境や管理体制に違いがあるから、ということが分かったのである。この研究結果は、一九七一年に内務省の報告書『少年院からの逃走』にまとめられた。

犯罪者の性格よりも、犯行の場所に注目した方が、犯罪発生の条件を洗い出しやすいことに気づいた研究官たちは、そのアプローチで様々な犯罪問題に取り組むようになる。その中心にいたのが、後にラトガース大学（アメリカ）の教授となるロナルド・クラークである。クラークらの研究は、一九七六年に内務省の報告書『機会としての犯罪』として実を結んだ。これが「状況的犯罪予防」(Situational Crime Prevention) の発端と言われている。

状況的犯罪予防の理論的な基礎は、アメリカのノーベル賞経済学者ゲーリー・ベッカーらの「合理的選択理論」（Rational Choice Theory）である。そこでは、「いかなる意思決定においても、人は自らの満足度が最大になるように行動を決定する」と考える。したがって犯罪についても、犯行による利益と損失を計算し、その結果に基づいて合理的に選んだ選択肢が犯罪、ということになる。

これは、犯罪を個人の自由な選択の所産と見なした古典学派のリバイバルとも言える。こうした視点からクラークらは、犯行のコストやリスクを高めたり、犯行のメリットを少なくしたりする方策の体系化に取り組んだ。その成果が、一九八〇年に出版された内務省の報告書『デザインによる防犯』である。

この報告書の中で、八つの状況的犯罪予防の手法が紹介された。もっとも、その後の研究の進展に伴って状況的犯罪予防は精密さを増し、二〇〇三年には二五の手法にまで増えた。これらの手法は、大きく五つのグループに分類されている。

第一のグループは、犯行を難しくすること。具体的には、イモビライザー（電子式エンジンキー）によるターゲット（＝エンジン）の強化、身分証カードによるアクセスコントロールなどがある。イギリスで販売されている突き刺せないキッチンナイフ（写真

10）もこのグループに属する。

第二のグループは、捕まりやすくすること。具体的手法としては、警備員やビデオカメラなどによる監視、内部告発者の支援、学校制服の採用などがある。

第三のグループは、犯行の見返りを少なくすること。現金取り扱いの廃止（＝ターゲットの除去）、盗品市場の解体、落書きの消去（＝メッセージ発信という利益の消滅）などがこれに該当する。

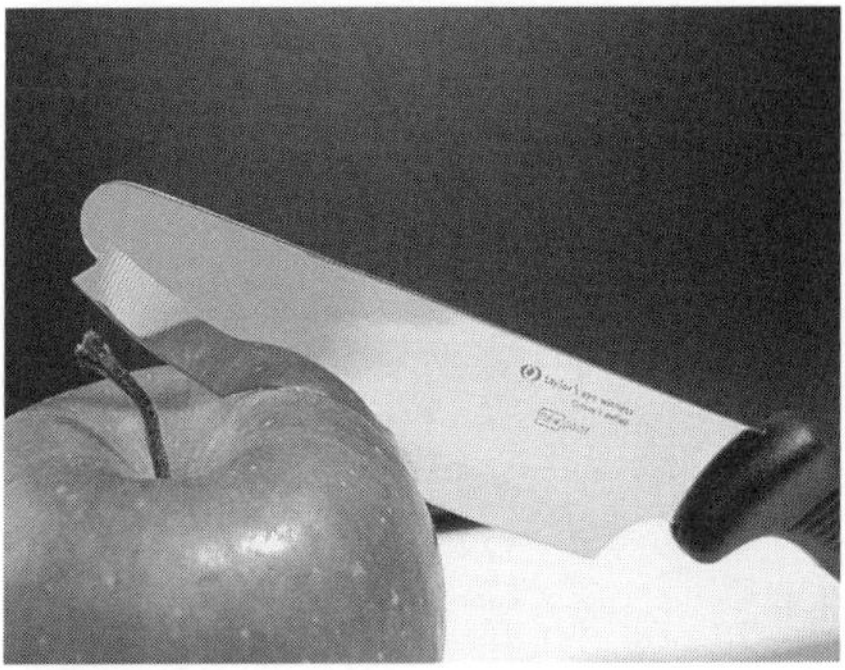

写真10　先端を丸めて人を深く突き刺せなくした包丁

第四のグループは、挑発しないこと。例えば、混雑を緩和するため座席数を増やしたり、料金をめぐるトラブルを回避するためタクシー運賃を定額にしたりすることである。

第五のグループは、言い訳しにくくすること。そのためには、ルールや手続きを明確にしたり、注意事項を掲示したりすることが必要である。

こうした手法の開発に取り組んだ研究官の一人ポ

ール・エクブロムは、内務省からロンドン芸術大学に移り、状況的犯罪予防を取り入れた製品デザイン（例えば、置き引きされにくい店内イス、盗まれにくい自転車）を次々と発表している。

犯人は土地勘がある

犯罪科学はこうして、ジェフリー、ニューマン、そしてクラークによって新たなステージへと導かれた。彼らは互いに独立して、しかし同じ方向に犯罪科学を進化させた。一九七〇年代前半のことである。

その後七〇年代後半から八〇年代前半にかけて、この新たなステージに次々と魅力的な理論が現れた。まず登場したのが、テキサス州立大学のマーカス・フェルソンを主唱者とする「日常活動理論」（Routine Activity Theory）である。フェルソンがイリノイ大学にいた一九七九年に発表した論文に端を発する。

この理論では、日常生活における合法的な活動の変化が犯罪発生率を変化させると考える。なぜなら犯罪は、①犯罪の動機を抱えた人、②格好の犯行対象、③有能な守り手の不在、という三つの要素が同時に重なる場所で発生するからだとする。

今でこそ当たり前に思えるこの理論も、産みの苦しみを味わった。フェルソンによると、最初の論文は、投稿した六つの学会誌すべてから不合格と判定されたという。この時代、建築や都市計画の分野でよちよち歩きを始めた犯罪機会論が、まだ犯罪科学の分野にはたどり着いていなかったようだ。

日常活動理論は、その後シンシナティ大学のジョン・エックによって、対策に応用しやすい「犯罪トライアングル」へと進化した（図表1）。

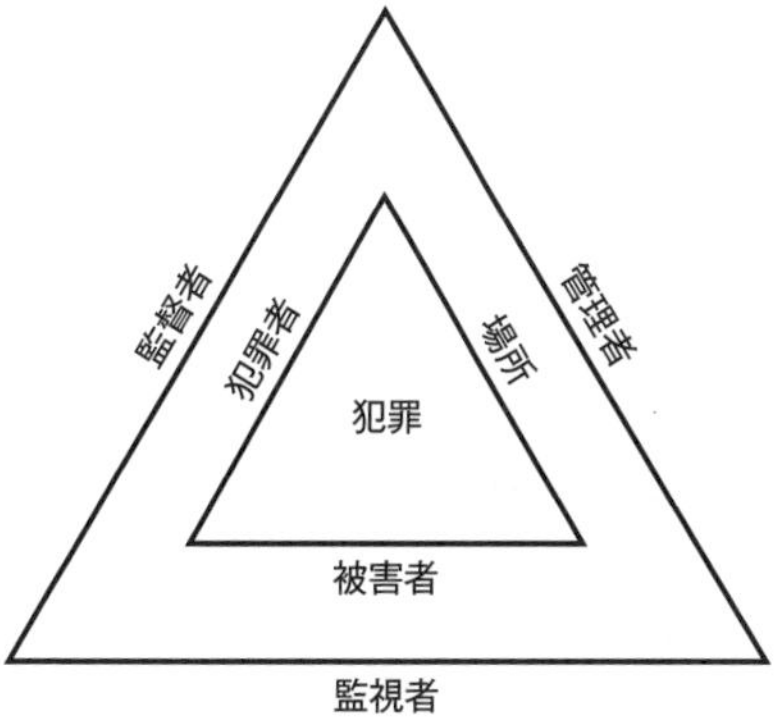

図表1　エックの犯罪トライアングル

それによると、内側の三角形は犯罪を発生させる要素を示し、①犯罪者、②被害者、③場所という三辺から成る。一方、外側の三角形は犯罪を抑制する要素を示し、①犯罪者の監督者（親や教師など）、②被害者の監視者（同僚や警察官など）、③場所の管理者（店主や地主など）という三辺で構成される。

この理論が主張するように、人々の合法的な活動が犯罪の発生と密接に関係しているとすれば、潜在的な犯罪者の合法的な活動それ自体も、犯罪の発生に影響を及ぼしていることになる。そこに注目したのが、サイモンフレーザー大学（カナダ）のパトリシアとポールのブランティンガム夫妻である。

ブランティンガム夫妻は、『環境犯罪学』（一九八一年）や『犯罪のパターン』（一九八四年）の中で、社会学的想像力だけでなく、地理学的想像力も働かせるべきだとして、「犯罪パターン理論」（Crime Pattern Theory）を提唱した。ちなみに、「環境犯罪学」（Environmental Criminology）という言葉を作り出したのは、二人の恩師である前出のジェフリーである。

犯罪パターン理論では、犯罪は、潜在的犯罪者のメンタルマップ（頭の中の地図）上のサーチエリア（標的を探す地域）と犯罪機会が重なる場所で発生するという。

具体的には、①自宅、職場（または学校）、商店街・歓楽街という三つの日常活動の起終点（ノード）、②これら三つの活動拠点を結ぶ三つの経路（パス）、③活動拠点や経路が互いに隣接する境界（エッジ）が、潜在的犯罪者にとっての「狩り場」になると主張する。

このように犯罪パターン理論は、犯罪企図者の日常活動から犯行地点を推測するという思考の流れだが、それを逆転させ、犯行地点から犯罪実行者の日常活動を推測するというのが「地理的プロファイリング」(geographic profiling) である。

地理的プロファイリングは、ブランティンガム夫妻の教え子であるテキサス州立大学のキム・ロスモが開発した。この捜査手法は、今や世界各国で、犯人の居場所（アンカーポイント）を絞り込むのに活用されている。

5　犯罪者はゴミが好き、花が嫌い

落書きを消すと強盗が減る

日常活動理論や犯罪パターン理論と並んで、犯罪機会論の進化に大きく貢献したのが、ハーバード大学研究員（後にラトガース大学教授）のジョージ・ケリングが一九八二年に発表した「割れ窓理論」（Broken Windows Theory）である。

この理論で言うところの「割れた窓ガラス」とは、管理が行き届いてなく、秩序感が薄い場所の象徴である。言い換えれば、「割れた窓ガラス」は地域社会の乱れやほころびを表す言葉であり、その背景に地域住民の無関心や無責任があることを想像させる。

ちなみに、「割れた窓ガラス」というメタファー（象徴）を考え出したのは、ケリングに論文の共同執筆を誘いかけ発表の機会を与えた、当時のハーバード大学教授ジェームズ・ウィルソンである。

またケリングは、かつて自身が訪問した日本の交番が、割れ窓理論のアイデアに結びついたと述べている。確かに交番の役割は、犯人の逮捕（＝犯罪原因論）というよりもむしろ地域の支援（＝犯罪機会論）である。アメリカ生まれの割れ窓理論のルーツは、意外にも日本にあるのかもしれない。

このように割れ窓理論は、地域に目を向け、その秩序の乱れを重視する。それは、「悪のスパイラル」と呼ばれる心理メカニズムを信じているからだ。

秩序の乱れという「小さな悪」が放置されていると、一方では人々が罪悪感を抱きにくくなり（＝悪に走りやすくなる）、他方では不安の増大から街頭での人々の活動が衰える（＝悪を抑えにくくなる）。そのため、「小さな悪」がはびこるようになる。そうなると、犯罪が成功しそうな雰囲気が醸し出され、凶悪犯罪という「大きな悪」が生まれてしまうというわけだ。

こうした視点から取り組まれた事例のうち、最も有名なのがニューヨークの地下鉄での強盗対策である。

そこではまず、車両の落書きを「割れた窓ガラス」に見立て、落書き消しに取り組んだ。落書きが姿を消すと、次に、無賃乗車を「割れた窓ガラス」に見立て、ハードとソフトの両面から多様な対策を講じた。その結果、地下鉄での強盗は一〇年間で八五％減少したという。

このほかにも、割れ窓理論を取り入れて成功したとされる事例は枚挙にいとまがない。そのため、割れ窓理論は海を渡り、イギリスでは、割れ窓理論が重視する「秩序の乱れ」が法律の名前に採用されるに至った（＝Crime and Disorder Act 1998）。日本でも、『水文・水資源学会誌』で、水質汚濁が著しい河川の流域ほど犯罪発生率が高いという分析結果が報告されている。

しかし、割れ窓理論に対しては批判が多いのも事実だ。もっとも、そのほとんどは誤解に基づいている。

例えば、割れ窓理論は軽微な秩序違反行為を容赦なく取り締まるゼロ・トレランス（不寛容）型の警察活動を推進するので、エスニック・マイノリティーを過剰に取り締まる人種差別的な治安維持に結びつく、とする主張がある。しかしケリングも、そして割れ窓理論を実践した元ニューヨーク市警本部長ウィリアム・ブラットンも、割れ窓理論とゼロ・トレランスとは別物であると明言している。彼らによると、割れ窓理論における警察の役割はコミュニティ支援だという。

また、勘違いに基づく実験を根拠に批判されることもある。例えば、静岡県立大学のグループが行った実験では、落書きを消しても犯罪は減らなかった、と報告された。しかし、この実験には、実験者自身が落書きを消したという重大なミスがある。

割れ窓理論が落書きの放置を重視するのは、その背景に地域住民の無関心や無責任が見て取れるからだ。つまり、住民自らが落書きを消すよう働きかけなければ、地域の防犯力は向上しない。研究者自身が落書きを消して、さも住民の関心が高いかのように見せかけても、無関心のシグナルはほかにもたくさんある。頭隠して尻隠さず。表面だけ着飾っても本質は隠し切れないだろう。

つまるところ割れ窓理論は、実証的立場からというよりも、むしろコミュニタリアン（マイケル・サンデルらの共同体主義者）やリバタリアン（ロバート・ノージックらの自由至上主義者）といった思想的立場から、それへの賛否が論じられる運命にあるのかもしれない。

犯罪抑止の三要素

これまで述べてきたように、場所・状況・環境を重視する犯罪科学は、犯罪を発生させる要素のうち、取り除ける可能性が最も高いのは犯罪機会であると主張する。

もっとも、抽象的な理論を知っているだけでは犯罪機会を減らすことは難しい。実際に犯罪機会を減らすには、だれでも、いつでも、どこでも理論を実践できるようにする必要がある。

そこで私が考案したのが「犯罪抑止の三要素」（図表2）だ。個別の犯罪機会論を統合するとともに、その内容を単純化し、日常生活で手軽に活用できるようにした。

一つ目の「抵抗性」とは、犯罪者の標的、つまり潜在的な被害者または被害物に関する要素であり、犯罪者から加わる力を押し返す性質のこと——言い換えれば、犯罪行為に対抗する強度である。抵抗性は、物理的な「恒常性」と心理的な「管理意識」から構成される。

このうち、恒常性とは、一定していて変化しない状態のことだ。それを高める手法としては、ロック（錠）、マーキング（印付け）、強化ガラス、防犯ブザー、非常ベル、防弾チョッキ、イモビライザー、消火器などがある。

犯行場面	犯罪抑止要素	物理的な要素（ハード面）	心理的な要素（ソフト面）
標的	**抵抗性** 犯罪者から加わる力を押し返す性質	**恒常性** 一定していて変化しない状態 e.g. ロック、マーキング、 強化ガラス、防犯ブザー、非常ベル	**管理意識** 望ましい状態を維持しようという意思 e.g. リスクマインド、指差確認、 整理整頓、健康管理、情報収集
標的の周辺	**領域性** 犯罪者の力が及ばない範囲を はっきりさせる性質	**区画性** 境界を設けて他から区別されている状態 e.g. ガードレール、フェンス、 ゲート、ハンプ、ゾーニング	**縄張り意識** 犯罪者の侵入を許さないという意思 e.g. パトロール、民間交番、 防犯看板、受付記帳、パスポート
標的の周辺	**監視性** 犯罪者の行動を見張り、 犯行対象を見守る性質	**視認性** 周囲からの視線が犯罪者に届く状態 e.g. ガラス張り、植栽管理、 カメラ、ライト、ミラー	**当事者意識** 主体的にかかわろうという意思 e.g. 清掃活動、あいさつ運動、一戸一灯運動、 花壇づくり運動、ボランティア活動

図表２　犯罪抑止の３要素

一方、管理意識とは、望ましい状態を維持しようという意思のことだ。それを高める手法としては、リスクマインド（危険予測思考）、指差確認、整理整頓、健康管理、情報収集、プライバシー保護、避難訓練、護身術などがある。

このように、抵抗性は一人ひとりが高める性能であり、したがって「個別的防犯」の手法と言える。これに対して、領域性と監視性は人々が協力して高める性能であり、したがって「集団的防犯」の手法である。

二つ目の「領域性」とは、犯罪者の標的の周辺環境に関する要素であり、犯罪者の力が及ばない範囲をはっきりさせる性質のこと——言い換えれば、犯行対象へのアプローチの難易度である。領域性は、物理的な「区画性」と心理的な「縄張り意識」から構成される。

このうち、区画性とは、境界を設けて他から区別されている状態のことだ。それを高める手法としては、ガードレール、フェンス、ゲート（門）、ハンプ（凸部）、ゾーニング（区割り）、チェーンスタンド、フィルタリング（閲覧制限）、パーティション（仕切り板）、ビームセンサー（光線式感知器）などがある。

一方、縄張り意識とは、犯罪者の侵入を許さないという意思のことだ。それを高める手法としては、パトロール、民間交番、防犯看板、受付記帳、パスポート、手荷物検査、警備員配置などがある。区画性が標的への接近を妨げる客観的なバリアなのに対して、縄張り意識は標的への接近を妨げる主観的なバリアなのである。

三つ目の「監視性」とは、犯罪者の標的の周辺環境に関する要素であり、犯罪者の行動を見張り、犯行対象を見守る性質のこと——言い換えれば、犯罪行為が目撃される可能性である。監視性は、物理的な「視認性」と心理的な「当事者意識」から構成される。

このうち、視認性とは、周囲からの視線が犯罪者に届く状態のことだ。それを高める手法としては、ガラス張り、植栽管理、カメラ、ライト、ミラー（鏡）、モニター付きインターホン、トレーサビリティー（履歴管理）、ナンバーディスプレイ（発信者番号表示）などがある。

一方、当事者意識とは、主体的にかかわろうという意思のことだ。それを高める手法としては、清掃活動、あいさつ運動、一戸一灯運動、花壇づくり運動、ボランティア活動、ルールづくり、市民性教育、投書箱設置、ソーシャル・ネットワーキング・サービス（交流型ウェブサイト）などがある。視認性が犯行をためらわせる客観的な視線なのに対して、当事者意識は犯行をためらわせる主観的な視線なのである。

さて、読者はすでに気づいていると思うが、日本で「防犯」と言えば、抵抗性（＝個別的防犯）を高める取り組みを思い浮かべるのが普通だ。しかし、抵抗性に過度に依存することは得策ではない。

防犯ブザーや護身術といった抵抗性の手法に頼るとき、その人はすでに窮地に追い込まれている。そうなると、想定した通りの行動がとれないかもしれない。やはり、絶体絶命のピンチに陥る前に、抵抗性の出番がなくなるようにしたいものだ。

それを果たしてくれるのが、領域性と監視性を高める取り組み、つまり集団的防犯である。では、どうすれば人々に領域性と監視性への関心を持たせ、防犯メニューを豊富にすることができるのか。

その打ってつけの手法が、前半で紹介した地域安全マップである。マップづくりによって、領域性と監視性を高めるデザイン活動やそれを意識したコミュニティ活動がスムーズに起動するに違いない。

6　死体は雄弁に語る

FBIアカデミーと『羊たちの沈黙』

犯罪は予測できれば予防できる——問題はその方法である。

犯罪機会論は予測のヒントを場所（景色）から得ようとする。これに対して、犯罪原因論は人間（犯罪者）に予測のヒントを求める。けれども場所の特徴は見ただけで分かるが、人間の特徴（＝心の中）は見ただけでは分からない。それが犯罪原因論の弱点であり、そのため多くの支持者が離れていった。

しかし場所の力を借りれば、人間に注目することも、あながち無意味とは言えない。なぜなら場所の特徴は、そこにいた人間の特徴を反映するからだ。場所は心を映し出す鏡である。

そこで、犯罪原因論と犯罪機会論が手を組み、絶妙なコラボレーションを実現させた。

それが「犯罪者プロファイリング」(criminal profiling) である。

プロファイリングとは、プロフィール(輪郭)を描くことである。そこから、「特徴をあぶり出す」とか「ターゲットを絞り込む」といった意味でよく使われる。犯罪者プロファイリングも、「犯人の特徴をあぶり出し、容疑者を絞り込むこと」を意味する。

ちなみに、地域安全マップづくりのような取り組みは、海外では「犯罪機会プロファイリング」(crime opportunity profiling) と呼ばれることがある。その内容が「景色の特徴をあぶり出し、犯罪が起こりやすい場所を絞り込むこと」だからだ。

犯罪者プロファイリングが最初に脚光を浴びたのは、いわゆるマッド・ボマー(狂気の爆弾魔)事件においてである。

一九四〇年から一九五六年にかけて、三二個の爆弾がニューヨークに仕掛けられた。捜査に行き詰まった警察は、フロイト派の精神科医ジェームズ・ブラッセルに協力を依頼した。ブラッセルによる犯罪者プロファイリングの一カ月後、爆破犯ジョージ・メテスキーが逮捕された。

その特徴はブラッセルが描いた犯人像と驚くほど一致していた。「逮捕時、犯人はダブルのスーツを着てボタンを留めている」という予測までも的中したことは、今や伝説となっている。

そのブラッセルから犯罪者プロファイリングのノウハウを学んだのが、FBI（米司法省連邦捜査局）初のプロファイラーであるハワード・ティーテンだ。ティーテンは、一九七〇年からFBIアカデミー（警察大学校）で犯罪者プロファイリングを教えるかたわら、その実践と研究を積み重ねた。

一九七二年にはFBIアカデミーの中に「行動科学課」（Behavioral Science Unit）が新設され、ティーテンらの研究のバックアップ体制が整う。ティーテンが一九七八年に退官した後は、ジョン・ダグラスとロバート・レスラーが犯罪者プロファイリング開発の中心人物となった。

このうちダグラスは、プロファイラーとしては初めて行動科学課長になり、一九九一年のアカデミー賞主要五部門を独占した『羊たちの沈黙』に登場するベテランFBI捜査官のモデルにもなっている。

プロファイリングは殺人犯に学べ

ダグラスとレスラーは、殺人犯の性格や行動を理解する一番の近道は、殺人犯自身に教えてもらうことだと考えた。

そこで、一九七九年から一九八三年にかけて、ＦＢＩ捜査官が全国の刑務所を訪れ、三六人の殺人犯にインタビューした。この三六人によって、実に一一八人もの犠牲者が出ていた。その中には、アメリカ史上最多の三三人（ほとんどが少年）を殺害したジョン・ゲイシーも含まれている。

こうしたインタビュー調査や事件現場・訴訟記録の分析を通して、ダグラスとレスラーは「性格」と「行動」との対応関係を突き止めようとした。つまり、犯罪者の性格と犯行形態との関連性を探り、両者を結びつけるパターンを見つけ出そうとしたのだ。

その結果、殺人犯は二つのタイプに分類できるという考えが生まれた。計画性の高い「秩序型」と衝動性の高い「無秩序型」がそれだ。

秩序型の犯罪者については犯行形態も秩序だっているが、無秩序型の犯罪者については犯行形態が秩序だっていないという。そのため、犯行形態を見れば、犯人がどちらのタイプかが分かる、つまりプロファイリングできるというわけだ。詳しく見ていこう。

犯行形態が秩序型か無秩序型かは、主に事件現場の状況や形跡から判断する。

秩序型の特徴としては、①整然とした現場、②少ない遺留品（忘れ物）、③犯行地点と異なる死体遺棄地点、④自動車の使用、⑤隠された死体、⑥防御創（抵抗跡）なし、⑦人間として扱われた被害者、⑧殺害前の性的行為、⑨戦利品（記念品）は被害者の持ち物、といったことが挙げられる。

これに対し無秩序型の特徴としては、①乱雑な現場、②多い遺留品、③犯行地点と同じ死体遺棄地点、④徒歩か公共交通機関の利用、⑤放置された死体、⑥防御創あり、⑦物として扱われた被害者、⑧殺害後の性的行為、⑨戦利品は遺体の一部、といったことが挙げられる。

こうした点をチェックし、もし事件現場が秩序型であれば、その犯人も秩序型と推定できる。その場合、犯人像については、①知的水準が高い、②社交的で魅力的、③口達者で欺くのがうまい、④優越感を抱き自己中心的、⑤キレやすい、⑥専門技能労働者、⑦既婚者、⑧行動範囲が広い、⑨事件報道を追っている、といったことが推測される。

逆に事件現場が無秩序型であれば、その犯人も無秩序型ということになる。この場合の犯人像については、①知的水準が低い、②内気でパッとしない、③口下手でだらしのない風采、④劣等感・疎外感を抱いている、⑤重度の統合失調症患者、⑥無職か単純労働者、⑦未婚者（独居か親と同居）、⑧行動範囲が狭い、⑨性的経験に乏しい（性的代償行動を繰り返す)、といったことが推測される。

二つのタイプの比率については、FBIの調査によると、殺人犯の三分の二が秩序型、三分の一が無秩序型だという。

職人技かコンピュータか

このように、FBI行動科学課で開発された犯罪者プロファイリングは、「家の中を見れば住人の性格が分かる」とでも言わんばかりに、事件現場の状況や形跡から犯人像を割り出す。そのため、この手法は臨床的プロファイリングと呼ばれている。

しかし、秩序型と無秩序型という二分法に対しては、単純すぎるとして批判も多い。例えば、強姦致死事件の現場で遺体の顔が被害者の服で覆われていた場合、それをどう解釈するかは微妙だ。犯人の顔を見られないための犯行手口(モーダス・オペランディ)とも考えられるし、他人の顔を思い浮かべたいという犯人の心理的欲求(署名的行動)とも考えられる。

このように、だれが事件現場を見てもその分析が同じ結論に至る保証はない。したがってFBIの臨床的プロファイリングは、「科学」というよりもむしろ「職人技」なのかもしれない。FBI自身もそのことは認めている。

だからといって、その価値が下がるわけではない。要は、捜査の役に立つかどうかが問題なのだ。レスラーも「警察官が理解できるような、また犯人捜査に役立つような言い方をしなければならない」と述べている。

一方、再現性（確実性）に劣るという臨床的プロファイリングの弱点を克服しようとする研究も進んでいる。その中心人物が、ハダースフィールド大学（イギリス）のデイビッド・カンター教授である。

その方法は、コンピュータを使って事件データを数量的に分析し、その結果に基づき犯人像を導き出すというものだ。そのため、統計的プロファイリングと呼ばれている。

統計的プロファイリングでは、まず、犯罪者の行動と属性についてのチェック項目を多数設定する。次に、その項目に従って過去の事件を調べる。さらに、チェック項目同士の関係を調べる。つまり、ある項目が当てはまる事件において、ほかに当てはまる項目がないかを探すのである。それによって、同時にとられやすい行動、そして同一人物が併せ持っている性格を抽出することができる。

その結果を図式化（可視化）すると、同時に当てはまりやすい項目（行動・個人属性）は互いに接近して、両立しにくい項目は離れて図の上に配置される（最小空間分析）。近くにある項目同士で一つのグループ（クラスター）を形成すると考えると、図の上には複数のグループが存在することになる。

これらのグループは、行動の側面（ファセット）だけを見れば犯行スタイル（犯行テーマ）を表し、個人属性の側面を見れば犯人のタイプを示している。したがって、この二つのグループが大きく重なる場合には、そのスタイルとタイプの間には強い関連があることになる。

このようにして、犯行スタイルと人物像との関連性を明らかにすれば、具体的事件における犯人像の推定も可能になるわけだ。

邪悪心研究博物館

確かに統計的プロファイリングでは、だれが事件データをコンピュータプログラムに入れ込んでも同じ犯人像が浮かび上がってくる。つまり再現性は高い。

しかし、的確性は別問題だ。なぜなら、プログラミングにおける入力項目（チェック項目）が犯行形態のすべてをカバーすることはできないからだ。例えば、捜査官が事件現場で特異な形跡を発見しても、それが入力項目に含まれていなければ、その重要な情報はプロファイリングのプロセスに入ってこない。

知識と経験が豊富なベテラン捜査官であれば、統計的プロファイリングの入力項目よりもずっと多くの項目をチェックできるに違いない。要するに臨床的プロファイリングの精度は、捜査官の能力次第で統計的プロファイリングに勝ることもあれば劣ることもあるのだ。その意味で、ＦＢＩが教育・訓練を重視しているのも十分うなずける。

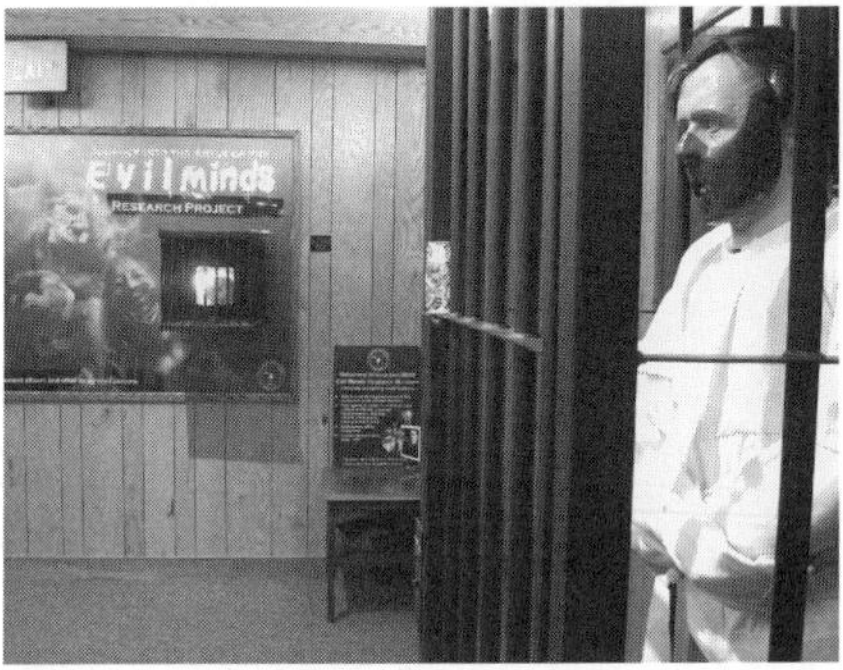

写真11　ＦＢＩアカデミー行動科学課の邪悪心研究博物館

二〇〇八年には、行動科学課の中に「邪悪心研究博物館」(Evil Minds Research Museum) が開設された（写真11）。そこには、殺人犯が描いた絵や彼らが書いた手紙が集められている。それらを分析することで、殺人犯の動機や性格を深く理解しようというのが開設の目的だ。

また行動科学課では、「犯罪者相互作用過程モデル」(offender interaction process model)の開発も進められている。

それによると、犯行動機の発端は五種類あるという。時系列に並べると、ファンタジー(長期の影響)、インセンティブ(最近の影響)、手段(標的選定後の影響)、ダイナミクス(犯罪実行中の反応)、そして適応(犯罪終了後の反応)の五つだ。このモデルによって、犯罪者がたどる動的な「犯罪の軌道」が予測できるという。

犯罪者プロファイリング発祥の地としての誇りを胸に、行動科学課の二〇人のスタッフは、捜査だけでなく予防にも使える手法の確立を目指し、研究を続けている。

7　最先端テクノロジーで未来を守る

情報爆発と『ナンバーズ』

犯罪と戦うプロファイリングのうち、犯人像を導き出す統計的プロファイリングや、犯人の居場所を突き止める地理的プロファイリングは、数学を使った手法である。このほかにも様々な数学的手法が、事件解決や犯罪予防に使われている。その模様は、米国テレビドラマ『ナンバーズ―天才数学者の事件ファイル』でも細かく描かれている。

そうした手法の動向を示すキーワードとして、最近注目を集めているのが「データマイニング」(data mining) である。

データマイニングとは、膨大な情報の中から有益な法則を探し出すことだ。マイニングは採掘のことなので、巨大なデータの山をコンピュータで掘り進み、思わぬ金脈を掘り当てるというニュアンスがある。

なぜこれがトレンドなのか。

その背景には情報の保存・流通コストが一気に下がったことがある。その結果、情報爆発が起き、ビッグデータと呼ばれる多種大量でスピーディーな情報が得られるようになった。このビッグデータを使えば分析の範囲と深度が飛躍的に増す。データマイニングの特徴は、まさにこのことなのである。

従来の統計分析は、想定した法則が本当かどうかを、収集可能な情報を使ってチェックするというものだった。自分が過去に気づいたことの裏付けをとることなので、それは回顧型・確認型の分析手法と言える。しかし、入手可能な情報の量と質が向上したデータマイニングでは、これまで気づかなかったことが浮かび上がってくる。つまり未来型・発見型なのだ。

『ナンバーズ』でも、データマイニングによって、無関係に見えた住居侵入強盗と自動車強盗が同一グループによる犯行だったことを見つけるストーリー、被害者によって契約していた保険会社はまちまちだが、データマイニングの過程でそれらの再保険会社(他の保険会社の保険責任を引き受けることを業務とする保険会社)が同一であることに気づくストーリー、テキストマイニングでインターネットのチャットルームの会話ログを分析するストーリーなどが展開されている。

このように、データマイニングは犯罪予測の新たな地平を切り開いた。

もっとも、それがそのまま犯罪対策になるわけではない。データマイニングは法則（関連）を見つけても、そのメカニズム（背景）までは教えてくれないからだ。見つかった法則のうち、どの法則を優先的に採用するかを決めるのは人間の仕事である。

この点に関してイェール大学のイアン・エアーズ教授は、「直感と定量分析とを行き来することで、単なる直感主義者や単なる数字屋がこれまでやったよりずっと先を見通せる」と述べている。コンピュータが自動推論（機械学習）するようになっても、経験や直感の出番はなくならないようだ。

インフォメーションからインテリジェンスへ

犯罪対策を立案・実施するには、ビッグデータをデータマイニング、そして経験に裏付けられた勘によって、戦略・戦術に直結する知識として編集することが必要である。この作業は、「ビッグデータからスマートデータへ」「インフォメーションからインテリジェンスへ」などと呼ばれている。

アメリカやイギリスでは、このインテリジェンスを重視した「インテリジェンス主導型警察活動」（intelligence-led policing）が盛んだ。

その特徴は、先制的、分析的、トップダウン、優先順位付けといった言葉で表される。そのため、「予測型警察活動」（predictive policing）と呼ばれることもある。

インテリジェンス主導型警察活動または予測型警察活動の代表格が、米国テネシー州のメンフィス市警察が展開する「ブルークラッシュ」である。Blue は警察官を意味し、CRUSH は Crime Reduction Utilizing Statistical History（統計履歴を活用した犯罪減少）の頭文字である。

この予測システムは、メンフィス市警の犯罪分析課と、メンフィス大学のリチャード・ヤニコウスキー准教授とのパートナーシップの下で開発された。つまりは、官学協同のアクション・リサーチである。

二〇〇五年、試験的に三日間だけこのシステムを使ってみることになった。すると驚くべきことが起こった。スタートから二時間で、何と七〇人もの犯罪者が逮捕されたのだ。この数は週末の逮捕者数に匹敵する。この成功を受けて、二〇〇六年、市全域にブルークラッシュが導入された。

ブルークラッシュの流れはこうだ。

まず、日時、場所、手口、天候、動機といった犯罪発生に関するデータ、そして住所、職業、顔色、髪形、声質といった犯罪者に関するデータなどをコンピュータに入力する。次に、統計解析と地理情報システム（GIS）のソフトウェアを実行して、犯罪のパターンとトレンドを抽出し、急性のホットスポット（犯罪多発地点）、慢性のホットスポット、潜在的なホットスポット、トラブルの火種などを特定する。

このようにして、いつどこでどのような犯罪が起きるかを予測できれば、パトロールにおいて、さらには保護観察官との共同家庭訪問においても、警察官の効率的で適正な配置が可能になる。それに伴って、犯罪を未然に防いだり、犯罪者を現行犯逮捕したりする確率が高まる。

二〇〇八年にはブルークラッシュの高度化・拠点化を促進するため、「リアルタイム犯罪センター」が開設された。そこでは、複数の行政機関や管轄区域を越えた情報の共有化（相互利用）や、犯罪分析・捜査支援のアップグレードが図られている。

ブルークラッシュの導入以来、メンフィス市の犯罪は減り続け、その減少率は全米平均よりも大きいという。今後インテリジェンス主導型警察活動は、情報爆発時代の申し子として、影響力を強めていきそうだ。

犯罪遺伝子は存在するのか

インテリジェンス主導型警察活動では、犯罪者の犯行自体を、未来の犯罪の「リスクファクター（危険因子）」（risk factor）と見なしている。

ここで言う「リスクファクター」とは、未来予測の根拠となるもので、それが多ければ多いほど犯罪が起こる確率が高くなる。「高血圧や高コレステロールは生活習慣病のリスクファクター」などという言い方と同じ使い方だ。

犯罪のリスクファクターは、インテリジェンス主導型警察活動が対象とする、犯罪者をめぐる比較的最近の事象だけでなく、個人のライフコース（人生行路）全体を通して存在する。そのような時間軸に沿って（＝発達段階に応じて）リスクファクターを考える立場は、「発達的犯罪予防論」と呼ばれている（これが犯罪原因論の現代バージョンである）。

では、そもそもライフコースがスタートする前にもリスクファクターは存在するのだろうか。これは「犯罪遺伝子」（crime gene）の問題である。

犯罪へと向かわせる最強の生物学的リスクファクターはY染色体（男性にする遺伝子）である。これによってもたらされるテストステロン（男性ホルモン）は、他者への攻撃性を高めることが確認されている。それは男性が女性獲得競争に勝ち残れるように適応した結果、つまり進化の産物なのだという。

このテストステロンは、音楽を聞いたり、女性の涙のにおいをかいだりすることで低下する、という報告がある。

犯罪予防にも役立ちそうな話だが、いずれにしてもY遺伝子は犯罪遺伝子と呼べるような代物ではない。何しろ人類の半数がこの遺伝子を持っているのだから。

またテストステロンについては、チャレンジ意欲を高めるというプラス面も見逃すことはできない。

犯罪遺伝子の発見かと色めき立たせたのは、MAOA（A型モノアミン酸化酵素）遺伝子である。オランダの犯罪者家系の調査で、MAOA遺伝子の欠損が発見されたのだ。

MAOA遺伝子は、セロトニン（神経伝達物質）を分解する酵素を作り出す。ところが、この遺伝子が機能しないと、脳内のセロトニンが過剰になる。胎児期にセロトニンを浴びすぎると、成人期には、心を落ち着かせるセロトニン本来の作用を感じなくなってしまうというわけだ。

ただし、MAOA遺伝子が消失しているケースは極めてまれであり、その異常の多くは、遺伝子自体は存在しているものの、その活性度が低いケースである。

そこで、デューク大学のアブシャロム・カスピ教授とテリー・モフィット教授は、この活性度が低いMAOA遺伝子の影響を調べてみた。すると、この遺伝子型の男性については、児童虐待を受けていた場合には暴力犯罪を起こす率が高くなるが、虐待を受けていなければその率は一般の男性と同じになることが分かった。

要するに、遺伝子が運命を決めることはない。犯罪傾向を強める遺伝子があったとしても、そのスイッチをオンにするのは境遇なのである。老化を遅らせるサーチュイン遺伝子が、カロリー制限で働き始めるのと同じメカニズムだ。

このように、遺伝子のオン・オフは環境刺激（経験）によって切り替わる。そのメカニズムを研究する分野は、エピジェネティクス（後成遺伝学）と呼ばれている。

正しい人間観は、科学ジャーナリストのマット・リドレーの言葉を借りるなら、「生まれか育ちか」（nature versus nurture）ではなく、「生まれは育ちを通して」（nature via nurture）ということのようだ。

ミラーニューロンで絆づくり

このように、犯罪予測にとっては、ライフコース初期（発達早期）のリスクファクターが重要になる。その時期に現れる数あるリスクファクターの中で、最も重要なのが「疎外感」である。

疎外感は、児童虐待、家庭不和、いじめ、学業成績不振などから生まれる。それらが、家出、怠学・退学、非行集団参加などをもたらすことも多い。

疎外感にさいなまれている子どもは、本来なら犯罪のブレーキになるはずの、大切な人との「絆」が断ち切られている。であれば、犯罪の道に誘い込まれないようつなぎ止める「新しい絆」を作ればいいはずだ。それが「メンタリング」(mentoring) と呼ばれている支援手法である。

メンタリングとは、メンター（あこがれの先輩、人生の師匠）によるマンツーマン指導のことである。専門家によるカウンセリングと異なり、普通の大人（＝メンター）が、他人の子どもと一緒に食事や散歩をしたり、スポーツや映画を見に行ったりする。

そうした継続的な交流を通して、子どもは、押しつけられるのではなく、メンターの姿を自然に手本にするように動機づけられる。このようにして、世界中を敵に回してもメンターだけは自分の味方であると感じさせ、その子の疎外感を取り除こうというわけだ。

このメンタリングは、映画『スター・ウォーズ』のモチーフにもなった。脚本・監督のジョージ・ルーカスがそう明言している。正義の騎士ジェダイの師弟関係がそれである。

アメリカ司法省では犯罪予防プログラムの評価を行っており、ＮＰＯ（民間非営利団体）の「ビッグブラザーズ・ビッグシスターズ」（ＢＢＢＳ）が実施するメンタリングは最上位にランクされている。

では、なぜメンタリングは「絆づくり」に有効なのか。その背景には、どうもミラーニューロン（脳内自動シミュレーター）の存在があるらしい。

ミラーニューロンは、一九九二年にパルマ大学（イタリア）のジャコモ・リゾラッティ教授らが発見した神経細胞である。脳科学最大の発見と言われている。

ミラーニューロンと呼ばれるのは、それが他人を映した鏡（ミラー）のように発火（活性化）するからだ。つまり、他人の動作を見ているだけで、まるで自分自身がその動作をしているかのように反応するのだ。その結果、他人が感じていることを自分も感じる。

このように、他人の動作を脳内でコピー（追体験）すれば他人に感情移入できる。この共鳴・共感のメカニズムこそ、メンタリングの土台である。

カリフォルニア大学のマルコ・イアコボーニ教授は、ミラーニューロンについて、「私たちが決して孤独ではなく、互いに深く連結するように生物学的に配線され、進化的に設計されてきたことを、この細胞は教えている」と述べている。

メンタリングは、このミラーニューロンを最大限活用しようとする試みである。それによってメンターの行動がコピーされ、望ましい行動に伴う幸福感が呼び起こされるのである。

もっとも、ミラーニューロンのコピー対象は、メンタリングの場合のような望ましい行動とは限らない。ミラーニューロンは、望ましくない行動もコピーしてしまうのだ。この点は、犯罪予防の手法を考える上で極めて重要である。なぜなら、リスクファクターを抱えた人を支援しても、その周囲の人が望ましくない行動をとっていればそれがコピーされ、支援の効果が消されてしまうからだ。

こうした視点から注目されるのが、サウスカロライナ医科大学のスコット・ヘンゲラー教授が開発した「多重システム療法」（multi-systemic therapy）だ。それは犯罪少年の境遇に焦点を合わせ、親のエンパワーメント（能力強化）や、友人・地域のサポートネットワーキング（支援人脈づくり）を図る手法である。

この多重システム療法（ＭＳＴ）も、アメリカ司法省による犯罪予防プログラムの評価では最上位にランクされており、全米各地で実践されている。それは、ほころびた「家族との絆」や傷ついた「学校との絆」を、丁寧に修復しようとする試みにほかならない。

おわりに

私事にわたるが、四年前に母を亡くした。人生最大のショックだった。これほどまでに深い悲しみがあることを、私は知らなかった。

「高齢だったから十分に生きた」「手遅れになったのは病院嫌いだから」「たくさんの親孝行ができた」――私には、あきらめという名の救いが必要だった。

この喪失体験を通じて分かったことが一つある。それは、犯罪被害者の遺族の悲痛は、私が体験した悲痛の何倍にもなる、ということだ。なぜなら、不条理な死別を、遺族があきらめられるはずはないからだ。

八人の子どもが刺殺された大阪教育大学附属池田小学校事件では、犯人が法廷で「門が閉まっていたら校内に入らなかった」と述べた。遺族にとっては、あまりにも残酷な発言だ。「たったそれだけのことが生死を分けたのか」――やり切れない思いが消えることは決してないだろう。
「人間、あきらめが肝心」と言われる。確かに、悲しみに打ちひしがれたとき、前向きな気持ちを取り戻すにはあきらめが必要だ。しかし、それには条件がある。それは、ベストを尽くした、という事実だ。「仕方がなかった」と言えるためには、本当に仕方(方法)が存在しなかったこと、すべてやり尽くしたことが必要である。

そう考えると、本書で解説してきた犯罪機会論は、いいあきらめをつけるための学問なのではないかと思えてくる。

防げる犯罪は確実に防ぐ——それが犯罪機会論のコンセプトである。犯罪機会論は、やり尽くすべき仕方を提案している。しかもそれは簡単なものばかりだ。したがって、それを実践しなければ、「仕方がなかった」ことにはならない。

やれるだけのことをやって、それでも被害に遭ったらあきらめる。もちろん容易ではないが、ベストを尽くしていれば、きっとあきらめきれる。また前を向ける。違うだろうか——。

本書は、多くの人に支えられて完成を迎えた。その歩みはさながら、たくさんの人に出会う一人旅のようだった。

犯罪科学の歴史の旅では、偉大なる先駆者たちが、夜を徹して楽しい話をしてくれた。犯罪科学の最先端を知りたくて、世界の旅にも出かけた。訪れるべき現場は、海外の実務家や研究者が教えてくれた。もちろん国内も旅し、日本の実務家と研究者からも大切なことを教えてもらった。防犯ボランティアや学生との協働、さらには小学校での授業を通じて学んだことも多い。新潮社の後藤ひとみさんからも、貴重な助言をいただいた。

こうして、多くの人に支えられて、一つの旅がようやく終わろうとしている。犯罪科学の旅の話をもっと聞きたい読者は、ぜひとも私のウェブサイト「小宮信夫の犯罪学の部屋」を訪れていただきたい。

旅の終着駅にたたずみながらつくづく思う。読者の日常生活の安全に、本書が少しでも役立てば幸いであると――。

二〇一三年七月

小宮信夫

【索引】

索　引

小宮信夫　1956（昭和31）年東京
生まれ。立正大学文学部教授。社
会学博士。日本人として初めて英
ケンブリッジ大学大学院犯罪学研
究科を修了。法務省、国連アジア
極東犯罪防止研修所を経て現職。

Ⓢ新潮新書

537

犯罪《はんざい》は予測《よそく》できる

著　者　小宮信夫《こみやのぶお》

2013年9月20日　発行

発行者　佐　藤　隆　信

発行所　株式会社新潮社

〒162-8711　東京都新宿区矢来町71番地
編集部(03)3266-5430　読者係(03)3266-5111
http://www.shinchosha.co.jp

印刷所　大日本印刷株式会社

製本所　加藤製本株式会社

ISBN978-4-10-610537-1　C0236

価格はカバーに表示してあります。

新潮新書

246 庭と日本人　上田篤

縄文のストーンサークルも枯山水も京町家の坪庭も、日本の庭にはすべてオーラがある。人々を魅了してやまない京都の庭めぐりを通じて読み解く、日本人の精神史。

280 新書で入門 宮沢賢治のちから　山下聖美

日本人にもっとも親しまれてきた作家の一人、宮沢賢治。音に景色や香りを感じたという特異な感覚に注目しつつ、「愛すべきデクノボー」の謎多き人物像と作品世界に迫る。

305 大人のための名作パズル　吉田敬一

発想をみがく小手調べから世界を巻き込んだ難題まで、脳がめざめる厳選の74問を「ひらめき」「論理」「数字」「へりくつ」「計算」の5系統に分類。読んでよし、解いてよしのパズル本！

348 医薬品クライシス 78兆円市場の激震　佐藤健太郎

開発競争が熾烈を極めるなか、大型新薬が生まれなくなった。その一方で、頭をよくする薬や不老長寿薬という「夢の薬」は現実味を帯びる。最先端の科学とビジネスが織りなすドラマ！

371 編集者の仕事 本の魂は細部に宿る　柴田光滋

昔ながらの「紙の本」には、電子書籍にない魅力と機能性がある！　カバーから奥付まで、随所に配された工夫と職人技の数々を、編集歴四十余年のベテランが語り尽くす。

Ⓢ新潮新書

481
検察
破綻した捜査モデル
村山治

不祥事続発の背景には、時代に取り残された検察組織の「構造問題」がある。特捜検事の生態、メディアとの関係、「国策捜査」が行われる事情まで、検察取材の第一人者が徹底解説。

485
外資系の流儀
佐藤智恵

初日からフル稼働を覚悟せよ、極限状態での長時間労働に耐えよ、会社の悪口は「辞めてから」――。刺激的な環境を生き抜くトップエグゼクティブやヘッドハンターに学ぶ仕事術！

486
犯罪者はどこに目をつけているか
清永賢二
清永奈穂

狙われるヤツには死角がある、自分たちはそこを突く――伝説的大泥棒はそう警告する。わが身、わが家、わが町を犯罪から守るために何をすべきなのか。異色の防犯読本。

493
動乱のインテリジェンス
佐藤優
手嶋龍一

沸騰する日本近海、混迷の中東、黄昏れゆく日米同盟――今そこにある危機をこうして泳ぎ切れ！　わが国最強の外交的知性が火花を散らして語り合った非常時対談。

494
外交プロに学ぶ 修羅場の交渉術
伊奈久喜

「距離の専制」「歳の差理論」「象の戦術」「潜在的合意」……要求を飲ませ、相手を説き伏せるには、巧妙さとしたたかさが必要だ。外交の修羅場を乗り切る「プロの交渉術」とは。

Ⓢ新潮新書